교사
동감

## 교사동감

초판 1쇄 발행 2015년 6월 30일
초판 2쇄 발행 2016년 5월 16일

지은이 | 김차명

발행인 | 김병주
총괄 CFO | 이기택
기획 | 최윤서
편집 | 허병민
디자인 | 디자인붐
마케팅 | 장은화, 김수경
펴낸 곳 | (주)에듀니티(www.eduniety.net)
도서문의 | 070-4334-2196
일원화 구입처 | 031-407-6368 (주)태양서적
등록 | 2009년 1월 6일 제300-2011-51호
주소 | 서울특별시 종로구 삼봉로57 종로호수빌딩 4층

ISBN 979-11-85992-10-5 (13370)
값 15,500원

이 책은 저작권법에 따라 한국 내에서 보호를 받는 저작물이므로 무단 전재 및 복제를 금합니다.
이 책의 국립중앙도서관 출판시도서목록(CIP)은 www.nl.go.kr/ecip에서 이용하실 수 있습니다.

대한민국 교사를 위한 공감 에세이툰

# 교사 동감

김차명 글·그림

에듀니티

# 차례

프롤로그 • 06

## 1부 교사

01. 폐지와 졸업식 • 24
02. 초등학교 안보강연 • 36
03. 크리스마스의 별 • 50
04. 우표 속에 담긴 아버지의 사랑 • 66
05. 기후보호 캠프 • 78
06. 우렁각시와 주홍빛 • 92
07. 삶을 바꾼 한마디 • 108
08. 공포의 외인구단 1 – The Beginning • 120
09. 공포의 외인구단 2 – A군 이야기 • 126
10. 공포의 외인구단 3 – B군 이야기 • 136
11. 공포의 외인구단 4 – C군 이야기 • 150
12. 천식보다 강한 친구들의 마음 • 164
13. 100점짜리 배려심 • 176

## 2부 동감

14. 교직 생활 십계명 • 190
15. 어떤 학년 맡고 싶으세요? • 204
16. 무서워요 • 214
17. 운동회에 대한 단상 • 230
18. 부부교사 이야기 1 – 부부교사의 장점 • 244
19. 부부교사 이야기 2 – 부부교사의 단점 • 256
20. ABCD 너를 이해할 수 있어 • 266
21. 스티커와의 전쟁 • 286
22. 우리는 왜 힘든가 • 294
23. 교사들의 아이러니 • 312
24. 교실 연애학 – 연애와 교실의 공통점 • 324
25. 초등교사로 산다는 것 • 336

# 프롤로그 - 저는 그림 그리는 선생님입니다

저는 어릴 때부터 낙서하는 것을 정말 좋아했습니다.

그리는 것이 너무 좋아 교과서, 공책 할 것 없이
종이만 있으면 닥치는 대로 낙서하는 그런 학생이었습니다.

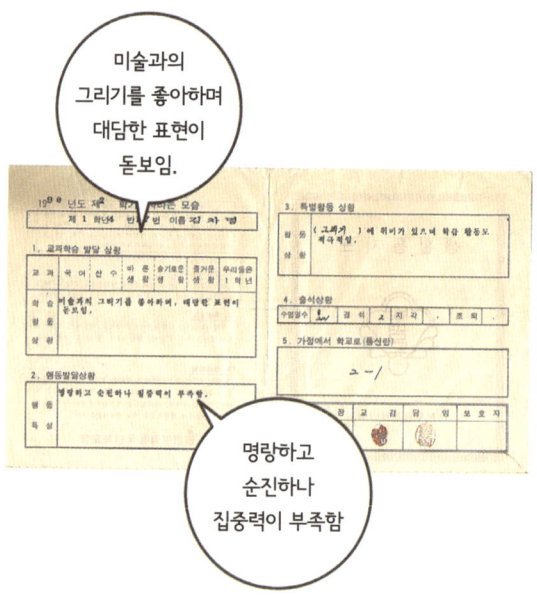

미술과의
그리기를 좋아하며
대담한 표현이
돋보임.

명랑하고
순진하나
집중력이 부족함

초등학교(국민학교) 1학년 때 생활통지표입니다.
저 두 문장만큼 저를 잘 설명할 순 없을 것입니다.

초등학교 1학년 때 담임선생님은 저에게 무척 잘해주셨습니다.

선생님이 될래요.

가물가물하지만 그때부터 선생님이 되고 싶다고 생각한 것이 기억이 납니다.

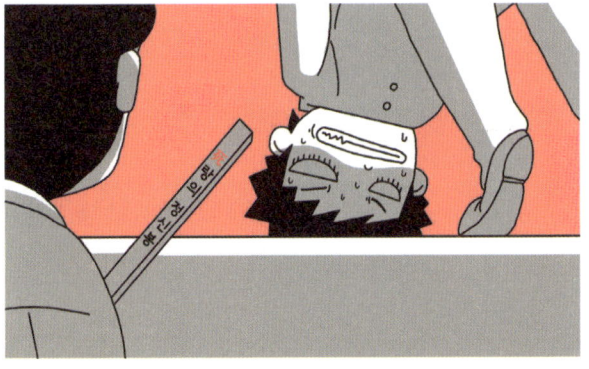

물론 선생님에 대해서 언제나 좋은 기억만 남아있는 것은 아니었죠.

어렵게 교대에 입학하였고 대학생활이 시작되었습니다.
하지만 대학 때는 그림을 거의 그리지 않았습니다.

넉넉지 않은 형편에 학비와 생활비를 벌기 위해
과외 아르바이트를 거의 매일 다녔고,
학과공부, 임용고사 등 신경 쓸 일이 많았기 때문입니다.

졸업과 동시에 군에 입대했습니다.
제 인생에서 정말 가장 바쁘고 힘든 시기였습니다.

아이러니하게도 그때부터 다시 그림을 그리기 시작했습니다.
시간 날 때마다 그렸던 그림은 지친 저를 힐링시켜 주었습니다.

군 시절 업무 수첩에 틈틈이
그렸던 그림들입니다.
이 때 그렸던 그림들이
'교사동감'의 기초기본이 되었습니다.

전역 후 드디어 선생님이 되었습니다.

수업을 할 때도 그림을 많이 활용했습니다.
그림을 활용하여 아이들과 소통하고 싶었고
그림을 그리는 즐거움을 알려주고 싶었습니다.

2012년부터 연재한 '교사동감'은
전국에 있는 선생님들의 사연을 받아 각색한 것으로,
제가 처음으로 도전한 웹툰입니다.

태블릿이라는 것도 처음 써봤고,
포토샵으로 그림을 그려본 것도 처음이었습니다.

교실에서 그림을 통해
아이들과 소통했다면
'교사동감'을 통해 전국의 선생님들과
소통하고 싶었습니다.

<2012년 폐지와 졸업식>

<2015년 초등교사로 산다는 것>

재미있는 건 몇 년간 연재하면서
제 그림체가 정말 많이 달라진 것을 발견할 수 있었습니다.

하지만 스토리 구성부터 콘티, 선 정리, 채색, 배경까지
혼자 작업하는 것은 언제나 쉬운 일이 아니었습니다.
특히 '참쌤'으로 널리 알려지면서 바빠졌기 때문에
연재는 더뎌질 수밖에 없었습니다.

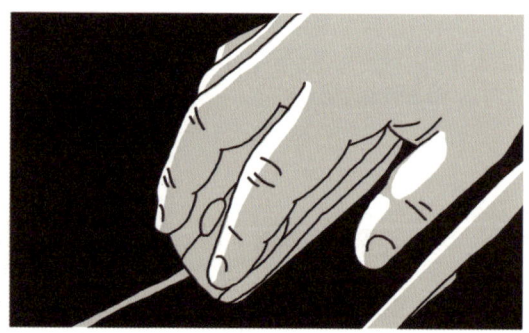

좋아서 시작한 일이 점점 '일'이 되니까
그림 그리는 것에 지쳐가고 재미가 없어졌습니다.

다행히 지금은 전국 그림 그리는 선생님들의 모임이자
교육콘텐츠를 전문적으로 제작하여 공유하는 모임인
'참쌤의 콘텐츠스쿨' 선생님들과 함께 공부하고 있어 힘이 납니다.

'교사동감'은 2012년부터 2015년까지 연재한 내용 중
일부를 모아 책으로 만든 것입니다.

## 에듀니티

먼저 부족한 작품을 책으로 만들어준 에듀니티에
진심으로 감사하다는 말을 전하고 싶습니다.

책 마감을 위해서 매일 새벽마다 조금씩 작업을 했습니다.
오랜 기간 동안 바뀐 그림체가 문제였습니다.

분절된 에피소드라 크게 상관없을지도 모르겠지만
그동안 그린 그림들을 하나하나 수정했습니다.
정말 힘든 작업이었습니다.

'교사동감'은 1부와 2부, 총 25개의 에피소드로 이루어져 있습니다.

1부 '교사'는 전국의 선생님들이 보내준 사연을 중심으로,

2부 '동감'은 선생님들이 많이 공감할 수 있는
학교 현장에서 일어나는 내용을 중심으로 꾸몄습니다.

각 에피소드의 구성은 다음과 같습니다.

제일 앞에는 제가 그린 본편이 나옵니다.

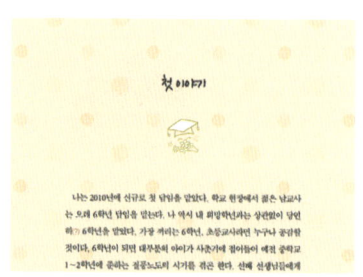

그다음에는 1,500자 정도의 짧은 에세이를 썼습니다.
본편에 관련된 에피소드, 짧은 교직생활을 하면서
제가 평소 느낀 생각을 정리하였습니다.

마지막에는 '참쌤의 콘텐츠스쿨'(참쌤스쿨)
선생님들의 만화가 이어집니다.
4~10컷 정도로 본편과 관련된
주제로 담았습니다.

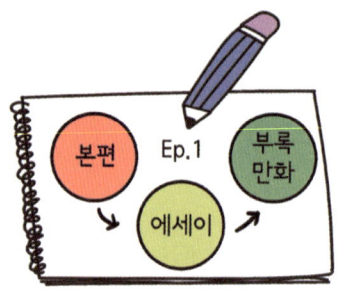

요약하면 이렇습니다.

요즘 저는 정말 행복합니다.
특히 취미로 시작한 '교사동감'이 이렇게 책으로
나오니 정말 행복합니다.

부록 만화(BONUS TRACK)를 그려준
참쌤스쿨 1기, 2기 50명의 가족 같은 선생님들.

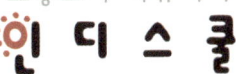

아이들의 행복을 위해 함께 성장하는
초등교사 커뮤니티 인디스쿨
대표 운영진들과 미디어콘텐츠팀.

부족한 후배에게 언제나 아낌없는 격려와 지지를
보내주시는 이중근 연구사님 이하 SC 형님들.

PPT도 못 다루던 저를 지금의 참쌤이 되도록 도와준
신상균 육군 준장님 이하 거제대대 전우들.

경기교육의 발전을 위해 바쁜 와중에도 불철주야 노력하는
황영동 연구소장님 이하 (사)경기교육연구소 운영위원들.

창의컴퓨팅 교육을 통해 소프트웨어 미래 인재를 양성하는
한선관 교수님 이하 경인교육대학교 미래인재연구소 연구원들.

맨날 빵꾸, 구멍, 어리버리 동학년인 저를 도와주고 챙겨주는
손영우 부장님 이하 정왕초 6학년 선생님들.
언제나 힘주시는 나익주 교장 선생님, 이미애 교감 선생님,
교사의 전문성을 가르쳐주신 이수영 수석 교사님.

2010년 신일초등학교 6학년 7반
2011년 신일초등학교 5학년 3반
2012년 신일초등학교 4학년 5반
2013년 정왕초등학교 5학년 5반
2014년 정왕초등학교 5학년 6반
2015년 정왕초등학교 6학년 2반
2016년 정왕초등학교 4학년 1반
소중한 기억의 친구들.

그리고...

저에게 하나님을 알게 해주고 예술적 감성을 물려주신 아버지,
제가 지금까지 살아 있도록 기도로 지켜주신 어머니.
언젠가는 훨훨 날아갈 채명이와 보고 싶은 외할머니(건강하세요!).

부족한 사위를 언제나 믿고 든든하게 지원해주시는
장인어른과 장모님. 그리고 천재 처남 창규.
갈 때마다 맛있는 음식을 잔뜩 해주시는 처할머니!

끝으로 그 누구보다

처음 보는 순간부터 지금 이 순간까지
내가 살아가는 이유가 되어준 아내 배은해 선생님과

세상에서 가장 소중한 아들 김결, 딸 김단에게 이 책을 바칩니다.

# 1부
# 교사

# 01 폐지와 졸업식

2011년 2월, 내일은 제가 교사가 된 후로 처음 맞는 졸업식입니다.
오늘은 교실을 말끔하게 정리하고 내일 졸업식을 준비하려고 합니다.

솔직히 아이들의 이런 모습이 별로 보기 좋지 않았습니다.

결국 고물상까지 갔습니다.

아이고... 늦었다~

교장 선생님은 그새 출타.
급한 결재는 돌아오실 때까지 무한정 연기.

## 다음 날

어제의 지저분한 폐지들은

하트 모양...

제가 교직에 들어온 지 딱 1주년이 된 것을 기념하는,
예쁜 케이크와 꽃으로 변신해 있었습니다.

나중에야 안 것이지만, 이 녀석들은 오늘 이벤트를 위해서
상당히 오래전부터 준비했더라고요.

어제 마음속으로나마 나무랐던 제가 부끄러워졌습니다.

대부분의 초등학교 선생님들은
6학년은 순진하지도 않고, 사고도 많이 친다고
가능하면 담임을 맡지 않으려고 합니다.

하지만 6학년 이야말로 가장 어린 예비어른으로서
선생님들과 제대로 된 추억을 만들 수 있지 않을까요?

하지만 제대로 된 경제관념은 심어주지 못했나 봅니다.

어떤 남자가 와서 계산할 거라고...

## 첫 이야기

　나는 2010년에 신규로 첫 담임을 맡았다. 학교 현장에서 젊은 남교사는 으레 6학년 담임을 맡는다. 나 역시 내 희망학년과는 상관없이 당연히(?) 6학년을 맡았다. 가장 꺼리는 6학년. 초등교사라면 누구나 공감할 것이다. 6학년이 되면 대부분의 아이가 사춘기에 접어들어 예전 중학교 1~2학년에 준하는 질풍노도의 시기를 겪곤 한다. 선배 선생님들에게 들은 6학년 교실에서의 각종 사고사례와 생생한(?) 경험담은 신규 교사인 내게 커다란 긴장과 부담으로 다가왔다. '3월에 이 녀석들을 어떻게 잡아야지 내가 힘들지 않을까?' 이런 생각뿐이었다.
　우려와는 달리, 2010년 3월 첫 시간에 만난 우리 반 아이들은 정말 너무 순했다. '가자' 하면 가고, '와라' 하면 오고, '공부하자' 하면 공부하는 그런 아이들이었다. 그만큼 순진했고 그만큼 담임을 따라주었다. 아이들을 만나보지도 않고 판단한 내 자신이 너무 창피했다.
　학생들과의 관계보다 나를 힘들게 한 것은 아이들의 가정환경이었다. 경제적으로 매우 열악한 지역이라 기초생활수급자, 지원받는 가정이 반 전체의 1/3이 넘었다. 준비물이야 학교에서 준비해준다고 하지만 급식비, 수학여행비, 기타 비용을 걷는 과정이 정말 큰 스트레스였다. 우리 반 때문에 학년 전체 자료가 수합이 안 돼서 내 사비로 대신 입

금한 적도 여러 번 있었다.

  그중에서도 가장 불편했던 것은 학부모님들이 계속 학교에 경제적인 지원을 요구하는 것이었다. 예전에는 우유 급식 대상이었는데 이번에는 왜 빠졌는지, 저번 현장체험학습 때는 활동비를 면제받았는데 이번에는 왜 못 받았는지 등등 나에게 계속 전화를 했다. 이를 두고 동료 선생님은 '배려를 권리로 안다', '거지 근성'이라고도 심하게 표현했다.

  아이들도 물질적인 것에 매우 민감했다. 과자나 군것질거리를 얻어먹을 기회가 생기면 친구에게 살랑살랑 갖은 알랑방귀를 다 뀌었고, 친구끼리 돈을 수시로 꾸기도 했는데 갚지 않았을 때는 크게 싸우기도 했다. 친구의 물건을 잃어버렸을 때 배상문제에 대해서 부모님끼리의 다툼으로 번지기도 했다. 아이들은 이미 5학년 때부터 헌 교과서를 학교에 버리지 않고 따로 모아서 고물상에 팔았다. 전단지 아르바이트를 하는 친구들도 있었다. 그렇게 번 돈으로 군것질하거나 PC방에 갔다. 돈밖에 모르는 아이들을 보면서 걱정스럽기도 하고 매우 안타까웠지만, 특별히 잔소리하지는 않았다. 어려운 환경에서 터득한 나름 자연스러운 행동이라고 생각했기 때문이다.

  폐지를 팔아 이벤트를 해준 아이들을 보면서 깨달은 점이 있다. '아이들을 규정하지 말자.' 6학년이라고 해서 꼭 반항하는 것도 아니고 물질에 민감하다고 해서 다른 사람을 감동시키지 못하는 것도 아니다.

  처음 맡은 아이들이 평생 기억에 남는다고 했던가. 그런 이유 때문인지 아니면 나에게 감동적인 기억을 만들어주어서인지는 몰라도 가끔 소식이 들려올 때마다 너무 즐겁고 행복하다.

  '교사동감'이라는 웹툰을 시작하면서 제일 먼저 그린 에피소드가 바로 이 이야기이다.

# BONUS TRACK

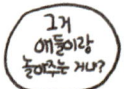

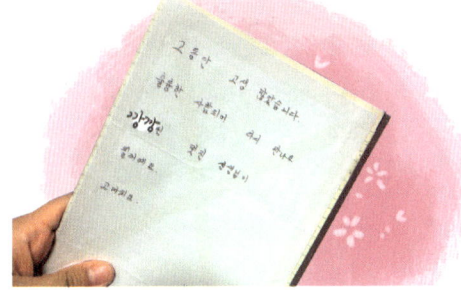

**강세라_** 충북 상봉초등학교 교사. 말보다는 글이, 글보다는 그림이 편해 학창 시절부터 줄곧 뭔가를 그렸다. 미술과 낙서의 중간 어디쯤을 헤매다가 육아툰 〈아가에게〉를 그리게 되었고, 참쌤스쿨과 인연이 닿았다. 원대한 야망보다는 교실의 아기자기한 교구들을 제작하는 것이 작은 소망이다. 한국교원대에서 초등교육과 미술교육을 전공했다.

## 02 초등학교 안보강연

2007년 봄, 저는 청운의 꿈을 안고 ROTC 장교로 임관하였습니다.

교사 특기를 살려 장병 정신교육을 주로 하는 정훈정보장교로
보직 받았지만, 실제로는 부대 내 행정업무를 많이 맡았습니다.
실망스러웠지만, 최선을 다했습니다.

주어진 업무에 완전히 적응할 때쯤,
부대 바로 아래에 초등학교가 하나 생겼습니다.

군대와 초등학교... 안 어울리는 조합이긴 했지만,
교장 선생님과 대대장님은 매우 활발히 교류하면서 서로 도왔습니다.

그러던 어느 날 대대장님께서 급하게 저를 찾으셨습니다.

2월에 교대를 졸업하고 3월에 임관하여 군에 온 저에게
교사 경험이 있을 리는 없었지만, 왠지 아니라고 대답하기는 싫었습니다.

'아이들이 집중 못할텐데...'

라는 생각이 들었지만, 무서운 대대장님 앞이라 말도 못하고,
바로 자료를 만들기 시작했습니다.

## 안보강연 당일

부대장님 소개와 동시에 강연이 시작되었고,
(특이하게도 젊은 여자 선생님이 안보교육 담당이었습니다.)

아니나 다를까? 고전을 면치 못하는 대대장님입니다.

처음에는 집중하는 것 같더니 딱딱한 내용이 나오니
금세 옆 친구와 무아지경으로 떠들기 시작했습니다.

중간 쉬는 시간, 대대장님은 잠시 교장실로 내려가셨고,
시간이 좀 걸릴 것 같아 저는 바로 준비한 자료를 꺼냈습니다.

사진 속의 이 사람들은 누구일까요?

군인이요~
옛날 사람이요~

맞아요. 6.25전쟁 때의 학도병들이에요.

딱 봐도 여러분보다 4~5살 정도밖에 차이가 안 나는 이 친구들이 왜 총을 들고 있을까요?

제가 만든 동영상 하나를 보여줄게요. 잘 보고 어떤 내용인지 말해봅시다.

어머니 나는 사람을 죽였습니다.
그것도 돌담 하나를 사이에 두고 10여 명은 될 것입니다.
지금 이 글을 쓰고 있는 순간에도
귓속은 무서운 굉음으로 가득 차 있습니다.

어머니! 아무리 적이지만
그들도 사람이라고 생각하니 더욱이 같은 언어와 같은 피를 나눈
동족이라고 생각하니 가슴이 답답하고 무겁습니다.

어머니, 전쟁은 왜 해야 하나요? 저는 무서운 생각이 듭니다.
지금 내 옆에서는 수많은 학우들이 죽음을 기다리는 듯,
적이 덤벼들 것을 기다리며 뜨거운 햇빛 아래 엎드려 있습니다.
적은 침묵을 지키고 있습니다. 언제 다시 덤벼들지 모릅니다.
적병은 너무나 많습니다. 우리는 겨우 71명입니다.
이제 어떻게 될 것인가를 생각하면 무섭습니다.

어머니, 어쩌면 제가 오늘 죽을지도 모릅니다. 저 많은 적들이 그냥
물러갈 것 같지는 않으니까 말입니다. 죽음이 무서운 게 아니라,
어머님도 형제들도 못 만난다고 생각하니 무서워지는 것입니다.
어서 전쟁이 끝나고 어머니 품에 안기고 싶습니다.

어머니! 저는 꼭 살아서 다시 어머님 곁으로 가겠습니다.
상추쌈이 먹고 싶습니다.
찬 옹달샘에서 이가 시리도록 차가운 냉수를 한없이 들이키고 싶습니다.

아, 놈들이 다가오고 있습니다. 다서 또 쓰겠습니다. 어머니 안녕! 안녕!
아, 안녕은 아닙니다. 다시 쓸 테니까요.
그럼……

이 편지는 1950년 8월 포항전투에서 숨진 소년병 이우근의 편지입니다.
이우근은 국군 제3사단 소년병으로 포항여중 앞 벌판에서 전사했습니다.
이 편지는 그의 주머니 속에서 발견됐습니다.
그리고 71명의 학도병 중 이우근 학도병을 포함한 48명이 유명을 달리했다 합니다.

영상을 보고 난 뒤 아이들의 반응은 확실히 달라졌습니다.

그리고 이어지는 마지막 선물공세!

전 제 전투모에 달려 있던 계급장을 떼서 상품으로 걸었습니다.

효과는 바로 나타났고, 강연은 성공적으로 끝났습니다.

# 안보교육

　나는 2년 4개월 동안 경상남도 거제에서 장교로 군복무를 했다. 군사학 성적이 나쁘지 않아서 장병들의 정신교육, 진중 문화생활, 공보업무를 담당하는 정훈공보장교로 임관을 했다. 여담이지만 내가 지금 하고 있는 디지털 교육 콘텐츠 제작, 컴퓨터로 그림 그리기, 영상, 모션그래픽 등의 기법을 모두 군대에서 배웠다. 대학생 때는 컴퓨터와 친하지 않아서 PPT 한번 만들어본 적이 없었는데 말이다. 돌아보면 군 생활은 내 인생의 전환점이 되었던 것 같다.

　부대가 시내에 있었기 때문에 주변 초·중·고등학교와 교류할 일이 잦았는데, 학생들이 안보교육을 위해 부대를 자주 방문했다. 학생들이 체험학습을 오면 주로 내가 안내를 하고 체험학습프로그램을 계획했다. 학생들이 관심을 가질만한 공포탄 사격, 일명 '짬밥'이라 불리는 부대 내 취식, 방독면 착용과 연습용 수류탄 투척 등 나름 고민해서 프로그램을 계획했다. 그런데 언제나 학생들이 지루해하는 시간이 있었다. 바로 안보교육시간이었다.

　'군대 PPT'라는 말이 있듯이 군에서의 정신교육은 매우 경직되고 딱딱하다. 근무나 훈련 등으로 매우 피로한 일상 가운데 늘 잠이 부족한 장병들은 정신교육시간에는 대부분 눈을 게슴츠레 뜨고 꾸벅꾸벅 존다.

군에서의 모든 정신교육 내용은 '기 → 승 → 전 → 우리의 주적은 북한' 이다. 물론 우리나라 현실에서는 당연한 내용이지만, 장병들이 흥미를 갖게 하기에는 매우 어렵다.

학생들의 안보강연도 마찬가지였다. 대부분 학생안보강연 내용이 장병들을 대상으로 하는 정신교육 내용을 바탕으로 만들어졌기 때문에 학생들이 매우 지루해한다. 나이가 어리면 어릴수록 더 어렵고 더 재미없을 수밖에 없다.

또한 일부 안보교육자료에는 북한의 실상을 알린다는 목적으로 굉장히 자극적인 내용을 삽입하곤 한다. 이는 정말 비판받아 마땅하다. 물론 나라를 지키기 위해 자신의 생명을 기꺼이 희생한 선조들을 기억하는 것과 과거 우리나라에서 일어난 전쟁의 참혹함과 교훈을 가르치는 교육은 분명히 필요하다. 하지만 학생들에게조차 북한은 우리의 적이며 우리는 아직도 전쟁 중이라는 내용만 강조한다면, 이는 안보교육이 아니라 '학생정신교육'일 수밖에 없다. 진정한 안보교육은 적대적인 안보교육이 아니라 한반도 평화와 통일이라는 더욱 큰 가치를 토대로 제작되어야 한다고 생각한다.

얼마 전에 같이 복무했던 중대장님의 결혼식에 다녀왔다. 벌써 제대한 지 10년 가까이 지난데다가 거리도 멀었지만, 당시 함께 근무했던 전우가 많이 모였다. 자기가 전역한 곳을 향해서는 오줌도 안 눈다고는 하지만 나는 내 인생에서 가장 바빴던 그 순간을 아름답게 기억하고 있다. 특히 장병교육을 위해 구석구석 격오지까지 찾아가면서 대화를 나눴던 시간, 늦은 시간 부대로 복귀하면서 나는 어떤 교사가 될 것인지 고민하던 순간이 지금의 나를 만든 것 같다. 특히 장교 월급으로 컴퓨터로 그림을 그리는 도구인 태블릿을 산 것은 정말 '신의 한 수'였다.

추억에 빠져있는 나를 보며 아내는 가끔 묻는다.

"오빤 참 군대에 대해서 좋은 감정을 가지고 있는 것 같아~ 다시 한 번 가지그래…"

나는 언제나 일관되게 대답한다.

"돌았니~."

# BONUS TRACK

**정원상_** 경남 서상초등학교 교사. 진주교육대학교 미술과를 졸업했고 현재는 진주교육대학원 아동문학창작과에서 아동문학을 공부하고 있다. 인디스쿨과 청소년 상담복지개발원에 웹툰을 연재하고 있으며, 참쌤스쿨 1기에 참여하여 교실환경 구성품 및 KBS 장애이해교육자료 〈대한민국 1교시〉 애니메이션 제작에 함께했다.

## 03 크리스마스의 별

안녕하세요?
저는 작년에 서울시 교육청으로 발령받은 교직 2년 차의
상큼발랄한 성격의 신규 교사입니다.

참 예쁘죠? 저희 집 앞이랍니다.
매일 이렇지는 않지만
서울 시내에서 별이 가장 잘 보이는 장소인 것 같아요.

하루하루 화장실 갈 시간도 없이 정신없이 보내지만,
저를 사랑해주는 사람들과 빛나는 별은
오늘도 저를 응원해주고 있네요.

그런데, 최근 저에게 인생 최대의 위기가 찾아왔습니다.

저희 반에 파란 눈의 여자아이, 앤이 전학 왔기 때문입니다.
미국에서 살다온 앤은 한국어를 단 한마디도 하지 못했습니다.

지독한 영어 울렁증이 있는 저에게는 엄청난 스트레스가 아닐 수 없었습니다.

예상했던 대로 앤의 학교생활은
순탄치 않았습니다.
간단한 필기나 알림장도
따라서 쓰기 힘들어 했고,

수업 시간에는 제가 하는 말을 전혀 알아듣지 못했습니다.
저는 어설픈 영어로 앤에게 수업 내용을 다시 설명해줘야 했고,
매시간이 마치 영어수업을 하는 느낌이었습니다.

또 매일 밤마다 앤을 위해
다음 날 사용할 모든 교육 자료를 번역해야 했습니다.
물론 평가지와 시험지도 따로 번역했습니다.

시간이 갈수록 저는 지쳐갔고,
그 많고 많은 반 중에서 저희 반에 앤을 보낸
교감 선생님도 원망스러웠습니다.

그러던 어느 날, 그해 크리스마스가 다가올 때 쯤,

제가 가장 사랑한 사람이 영원히 제 곁을 떠나버렸습니다.

저는 너무나 힘든 현실을 차마 인정할 수 없었고,

제 마음은 차갑게 식어갔습니다.

제가 교사라는 것이 너무 힘들었습니다.
제가 어떤 상황에 놓여 있던지 저는 아이들을 가르쳐야 했고,
흔들려서는 안 되는 사람이기 때문이었습니다.

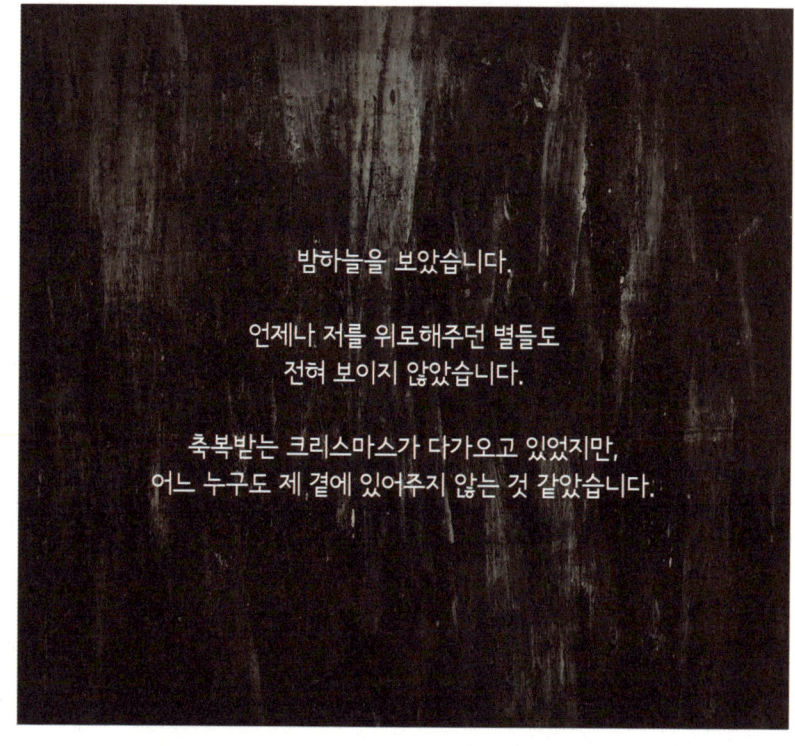

밤하늘을 보았습니다.

언제나 저를 위로해주던 별들도
전혀 보이지 않았습니다.

축복받는 크리스마스가 다가오고 있었지만,
어느 누구도 제 곁에 있어주지 않는 것 같았습니다.

다음 날 몸살에 걸려 불덩이 같은 몸을 이끌고 출근했고,

하루가 어떻게 지나갔는지도 모르겠습니다.

그런데 종례 시간에 앤이 저에게 말을 걸었습니다.

앤... 선생님 힘들어. 저리 가.

전 차갑게 손사래를 치며 앤에게 말했습니다.

평소와는 다른 제 모습에 앤은 당황한 듯했지만,

바로 저에게 크리스마스카드 한 장을 내밀었습니다.

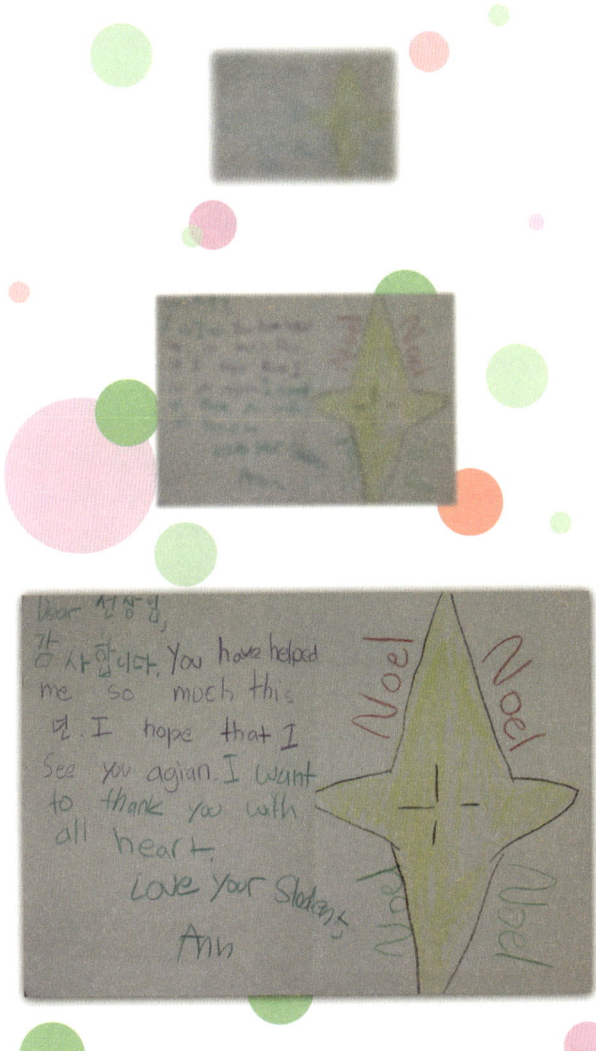

Dear. 선생님 감사합니다.
You have helped me so much this 년.
I hope that I see you again.
I want to thank you with all heart.
Love your student, Ann.

어젯밤 사라졌던 별이 크리스마스카드 안에 있었습니다.

1년 동안 가장 힘들었던 사람은 제가 아니라,
말도 통하지 않는 곳에서 생활한 앤이었을 텐데,

선상님(선생님), this 년(올 해)
삐뚤빼뚤 엉터리였지만, 앤의 마음이 느껴지는 편지였습니다.

교사라서 너무 힘든 점도 있지만,
교사이기 때문에 이런 소소한 행복도 있네요.

앤의 마음에 얼어붙었던 제 마음이 녹아내리기 시작했습니다.

그해 크리스마스는

앤의 별 덕분에 정말 많이 따뜻했습니다.
제가 교사라는 것에 감사했습니다.

## 당신은 아프면 안 되는 사람입니다

살면서 아파본 기억이 별로 없다. 특히 감기에 걸린다든가 배탈이 난다든가 하는 잔병치레는 나와는 정말 거리가 먼 이야기다. 어릴 때부터 밖에 나가 뛰어노는 걸 좋아해서일 수도 있지만, 우리 집 식구를 보면 아마 안 아픈 유전자(?)를 가지고 태어난 게 아닌가 싶다. 그래서 처음 아내를 만나 사귀기 시작했을 때 (당시는 여자 친구) 수시로 아픈 그녀가 안타깝기도 했지만, 한편으론 짜증스럽기도 했다.

여자 친구는 잔병치레가 무척 많은 편으로 처음에는 아프다고 하면 걱정도 많이 하고 자취를 하는 여자 친구 대신 집을 치워주며 간호도 해주었지만, 나도 사람인지라 시간이 갈수록 그녀가 아픈 일을 일상처럼 받아들이게 되었다. 그러다 한번은 그녀가 위궤양으로 늦은 시간 응급실을 찾게 되었다. 그 순간 따뜻한 말 한마디 먼저 건네면 좋았을 것을 나도 모르게 버럭 화부터 냈다. '약을 잘 먹었어야지'부터 시작해서 '밥 또 대충 먹었지' 등 아픈 사람에게 왜 그렇게 잔소리를 했는지 모르겠다. 내가 아프고 나서야 그때 여자 친구의 서럽다는 표정이 떠올라 이렇게 후회를 하고 있으니 말이다.

때는 바야흐로 2013년에서 2014년으로 넘어가는 겨울, 기다리고 기다리던 1정 연수 기간이었다. 열심히 해서 꼭 좋은 점수를 받고야 말겠다는 굳은 다짐으로 아내와 당시 4개월이었던 아들을 처가에 보내고 공부에 매진했다. 중간발표가 만족스럽게 끝난 날, 지금까지 딴짓도 안 하고 열심히 공부한 나 자신이 대견스러워 좀 무리를 하고 말았다. 밤새 친구들과 거나하게 놀아버린 것이다.

놀 때는 재밌었는데 도대체 뭘 잘 못 먹은 건지 복통 때문에 잠을 깨고 말았다. 자고 나면 괜찮겠지 싶었는데, 통증은 몸이 떨릴 정도로 심각해졌고 온몸에 땀이 비 오듯 쏟아지기 시작했다. 설상가상 시간은 새벽 4~5시 정도, 아내는 옆에 없고 그렇다고 아침에 출근하시는 부모님을 부를 수도 없는 상황이었다. 결국 어쩔 수 없이 응급실행, 병원에선 장염이라고 했다. 간단한 조치를 받은 후 쉴까도 생각했지만, 이제까지 열심히 수업을 들은 것이 아까워 이를 악물고 강의실에 도착해서 거의 반실신 상태로 수업을 들었다. 그때 수업 중간중간 오는 아내의 메시지와 전화가 어찌나 힘이 되던지. 아마 앤의 편지를 받은 C선생님의 마음이 이러했을까 싶다.

사실 교사는 직업상 아프기가 쉽지 않다. 내가 수업에서 빠지면 다른 선생님들이 그 시간을 채워야 하고 또 아이들은 아이들대로 하루 종일 다른 선생님을 만나느라 수업을 잘 받지 못하기 때문이다. 그래서 대부분의 선생님은 아프거나 개인 사정이 있어도 참는다. 내가 C선생님이 정말 대단하다 생각하는 것은 학생에게 받은 편지로 기운을 차렸다는 점이다. 아이들을 정말 가족처럼 사랑한다는 증거가 아닐까. 앞으론 나도 힘을 주는 사람이 되려 한다. 아프지 않는 것이 가장 중요하겠지만, **아이들이 웃는 모습만으로도 기운을 차릴 수 있는 그런 교사가 되고 싶다.**

# BONUS TRACK

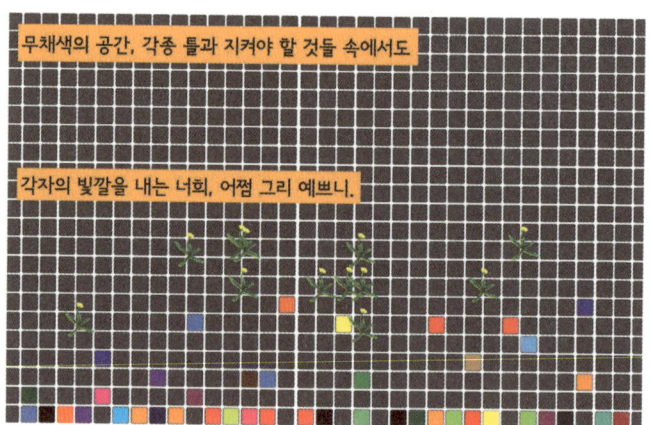

 **곽호인**_ 서울연희초등학교 교사. 관심사가 다양한데, 특히 여행, 영화, 책과 도서관을 좋아한다. 지난 1년간 월간 소식지 제작, 공감교육 툴킷 번역, 스크립트 제작, 블로그 서포터즈 등 이런저런 활동을 하며 콘텐츠에 관심을 가지게 되었다. 끈기는 없지만 뭐든지 시작하는 걸 좋아한다.

#  우표 속에 담긴 아버지의 사랑

그림 그리기를 좋아하는 소년이 있었습니다.

어느 집과 다르지 않게, 부모님은 맞벌이를 하시느라 소년은 집에 혼자 있는 시간이 많았습니다.

그런 소년의 모습이 안타까웠던 아버지는

매일 저녁 퇴근하여 돌아오실 때마다
우표 한 장씩을 소년에게 주었습니다.

소년은 자기보다 나이가 많은 우표들을 자신의 우표책에
차곡차곡 모으면서 외로운 시간을 채웠습니다.

시간이 지나면서 소년의 수집 책은 한 권, 두 권 늘어났고,
가장 친한 친구에게만 보여주는 보물이 되었습니다.

하지만 1997년, IMF 위기는 소년의 집을 덮쳤고,
아버지께서는 실직을 당하셨습니다.

집안의 경제사정은 급속도로 어려워졌고,
여러 번의 이사를 거치면서
소중한 물건들도 하나둘씩 사라져 갔습니다.

그러던 어느 날, 아버지께서 소년에게 다가와
말씀하셨습니다.

"우리 아들, 많이 힘들지?
아빠가 부탁이 있어."

"요즘 집안 사정이 많이 힘든 건 알지?
정말 미안한데, 아들 우표 책을 팔 수 있는 곳이 있어서…"

"아빠도 이렇게 하고 싶진 않은데,
아빠에게 네 우표책을 빌려줄 수 있겠니?"

"네, 괜찮아요. 아빠."
소년은 밝은 표정으로 대답하였습니다.

비록 어린 나이의 소년이었지만,
아버지께서 정말 어렵게 말을 꺼냈다는 것을 알았기 때문입니다.

"아빠가 언젠가는 다시 돌려줄게. 꼭 약속할게."

소년의 우표책을 들고
버스에 탄 아버지의 표정은 너무나 어두웠습니다.

금방이라도 눈물이 날 것 같았습니다.

우표 가게에 도착했지만, 아버지는 선뜻 들어가지 못했습니다.

들어가려다 말다... 들어가려다 말다...

1분, 2분, 10분...
아버지의 발걸음은 좀처럼 떨어지지 않았습니다.

망설인 끝에, 결국 아버지는 다시 버스를 타고 돌아오셨고

우표책은 원래대로 소년에게 돌아왔습니다.

시간이 지나, 교사가 된 소년이

어엿한 청년이 되어서야 깨달은 것이지만,

그때 아버지께서 그토록 망설이셨던 이유는,

그때의 괴롭고 힘든 시절을 이겨내게 해준

사랑하는 아들의 웃음이 사라질지도 모른다는
두려움 때문이었습니다.

결국, 소년이 우표책에 차곡차곡 모았던 것은

우표 한 장 한 장에 깃든
아버지의 사랑이었습니다.

# 아버지

아버지를 생각하면 눈물이 난다. 아버지를 충분히 이해할 수 있으면서도 표현하지 못하는 나를 볼 때마다 언제나 괴로워했다. 아버지는 재주꾼이다. 고학력에다 (월간)창조문예의 시 부문에 당선되어 정식으로 등단한 시인이다. 소싯적엔 운동도 굉장히 잘하셨다. 사내 테니스 대회 트로피는 다 챙겨오시던 모습이 아직도 기억난다. 그럼에도 조예가 깊고 IT 쪽 활용도 잘하신다. 내 감성과 예술적인 감각은 모두 아버지한테 물려받았다.

아버지는 '신의 직장'이라 불리는 공기업에서 승승장구하셨다. 아버지가 계속 그 직장에 다녔다면, 아버지도 나도 지금 다른 인생을 살고 있을지도 모른다. 하지만 아버지는 과감하게 다니던 직장을 그만두고 새롭게 도전하셨다. 결과는 매우 안 좋았다. 이십여 년이 지났지만 좀처럼 나아질 기미는 보이지 않는다. 가정주부였던 어머니도 생업전선에 뛰어들어야 했다. 당시 어머니의 얼마 안 되는 수입으로 근근이 살았다. 바가지를 들고 옆집에 가 쌀을 빌리던 어머니의 모습이 기억난다.

아버지는 퇴직한 이후에도 실패를 몇 번 맛보셨다. 자존심 강한 아버지에게는 엄청난 고통이었을 것이다. 하지만 나는 아버지의 마음보다는 이어지는 가족의 고통에 훨씬 민감했다. 어머니를 고생시키는 아버지가 정말 미웠고, 주위 친구들과 나를 비교하면 할수록 낮아지는 내 모습에 절망감도 많이 느꼈다.

시간이 흘러 나도 결혼을 하여 가장이 되었고 아버지가 되었다. 이제 뒤뚱뒤뚱 걷기 시작하고 쉴 새 없이 옹알이를 해대는 아들을 보면, 뭐라 말로 표현할 수 없을 만큼 귀엽다. 이 감정을 어떤 말로 표현할 수 있을까. 부모가 된 사람만이 부모의 마음을 안다고 했던가. 요즘에는 문뜩 아들을 보고 있노라면 아버지 생각이 많이 난다. 나와 아들은 정확하게 30살 차이가 난다. 내가 지금 아들을 바라보며 미소 짓는 것처럼 30년 전 아버지도 나를 이렇게 바라보며 미소 짓고 있었을 것이다. 가슴이 먹먹하다.

이제는 아버지를 이해할 수 있다. 실패를 겪으며 사랑하는 가족들이 고통받는 모습을 보면서 아버지는 얼마나 괴로웠을까. 그 누구도 내 편 들어주지 않는 이 세상에서 가장이라는 짐을 지고 지금까지 견디고 살아온 것이 얼마나 놀라운가. 요즘 아버지는 늦은 나이에 다시 도전 중이다. 젊었을 때 상상도 하지 못했을 일들을 아버지는 환갑이 가까운 나이에 새롭게 시작하신다. 나 살기도, 내 가족 챙기기도 바쁜 나는 그런 아버지를 보며 죄송한 마음과 함께 무한한 존경과 응원을 보낸다.

책장 서랍 깊숙이 놓여있는 내 우표책을 오랜만에 꺼내본다. 1960년대 우표부터 2000년도 우표까지, 아버지의 사랑이 깃들어 있는 수천 장의 우표를 한 장 한 장 살펴본다. 제대로 관리를 못 해서인지 흘러간 세월 때문인지 대부분 많이 상해있다. 하지만 그게 무슨 상관이랴. 우표책을 볼 때마다 느끼는 아버지의 사랑. 과거의 나에게도, 지금 나에게도 세상에서 가장 소중한 보물인 것을.

# BONUS TRACK

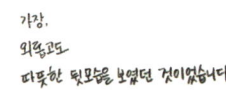

 **박숙현_** 경인교육대학교 음악교육과에 재학 중이다. 학교에 출강 온 참쌤의 화려한 언변에 넘어가 참쌤스쿨까지 지원한 평범한 학생이다. 처음엔 그림의 'ㄱ'자도 몰랐으나 멋진 선생님들 틈에서 조금씩 그림과 콘텐츠에 대해 알아가며 즐거움을 느끼고 있다.

## 05 기후보호 캠프

제가 처음 발령받은 우리 학교는요...
인천 강화도에 있는 시골 학교입니다. 참 황량하죠?

사실 저는 강화도에서 초, 중, 고등학교를 모두 졸업한 토박입니다.

그래서인지 우리 반 아이들이 다들 동생 같고 정이 갑니다.

한 학년 다 합쳐봐야 16명밖에 안 되는
요 귀여운 녀석들에게 무엇을 해줄 수 있을까요?

그러던 어느 날, 우리 학교가
기후보호 시범학교로 선정되었다는 소식을 들었습니다.

여러 행사 중에 학년 단위로 기후보호 동아리 활동을 하면
다양한 체험활동을 할 수 있게 지원해준다는 말을 듣고 바로 신청을 했고,

생태체험학습 명분으로, 잊지 못할 추억여행을 떠났습니다.

원래는 강화도에서 체험활동을 해도 되지만,
저는 굳이 서울을 선택했습니다.

도시의 또래 아이들과 몸집부터 차이가 나는 우리 학교 학생들은
평소 도시를 경험해볼 기회가 거의 없기 때문이었습니다.

광화문에서 이순신 장군, 세종대왕상도 보고

우리들만의 작은 체육대회도 열었습니다.

또 녹색성장체험관에 가서 재미있는 체험을 하였습니다.

기상캐스터도 해보고

캠핑장에서는 음식도 만들어 먹었습니다.

자전거로 에너지를 만들어보고

그렇게 정신없는 하루가 지나고

우리들이 하룻밤 묵을 캠프장에도
어둠이 내려 앉았습니다.

옆 숙소에서 심한 고함과 욕설이 계속 들렸습니다.
처음에는 저러다가 말겠지 했는데, 시간이 지날수록 더욱 심해졌습니다.

아이들은 무서워서 잠을 자지 못했고,
누군가 가서 얘기해야 했습니다.

이 녀석들은 저를 대표로 보냈습니다.

솔직히 저도 저 사람들의 매너 없음에 화가 난 상태라,
일단 용감하게 옆 숙소로 갔습니다.

약간 과장일 수도 있지만...
당시 저에게는 저 남자(약 10명)들이 전부 조폭처럼 보였습니다.

그중 좀 높아 보이는 사람이 저에게 말했습니다.

정말 무서웠지만, 아이들을 생각해서 나름 용감하게 말했습니다.
아이들이 옆에서 자고 있다고, 조금만 조용히 해달라고요.

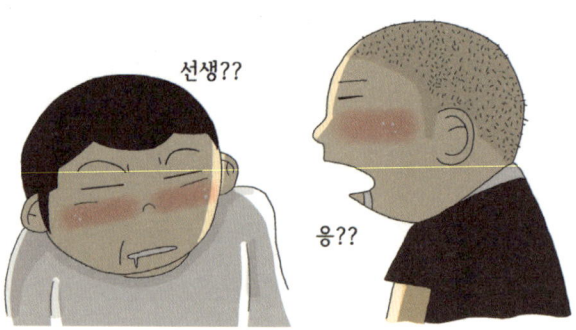

그런데 제 말이 끝나자마자
그중 높아 보이는 사람이 저에게 무섭게 다가왔습니다.

갑자기 두목(?)님은 제가 알아들을 수 없는 말을
한창 주저리주저리 하시다가

미안하다며 음료수를 잔뜩 주셨습니다.
물론, 우리 아이들은 마실 수 없는...

그리 무서운 사람들은 아니었구나...

## 학생 중심

초등학교엔 각종 캠프나 행사가 참 많다. 이 사연은 인천에서 근무하시는 남궁은정 선생님이 보내주셨다. 남궁 선생님은 대학 동기로 서로 유부남, 유부녀가 되었어도 여전히 편하게 연락할 수 있는 몇 안 되는 친구이다. 지금은 쌍둥이의 엄마가 되어서 육아휴직으로 잠시 교직을 떠나 있지만, 누구보다 열정적이고 능력 있는 교사다.

내 친구 남궁 선생님이 발령받은 지역은 시에서 몇 안 되는 지역가산점이 있는 학교로, 발령받을 당시 '점수' 때문에 동기들의 부러움을 샀다. 하지만 내가 지켜본 결과 그녀는 그런 점수에는 별로 연연하지 않았다. 오직 동생 같은 아이들을 진심으로 사랑하는 모습만 보였다. 본인의 고향이기도 하고, 한 학년에 한 학급밖에 없는 반을 몇 년 동안 연임하며 맡았기 때문에 더 그러했던 것 같다.

으레 작은 학교가 그러하듯 맡아야 할 업무는 많은 데다가 기후보호 시범학교로 선정되어 이제 갓 교사가 된 신규가 맡기엔 버거운 일이 많이 주어졌다. 적은 교원 수로 시범학교를 운영하는 것도 굉장히 힘든 과정이었을 것이다. 그럼에도 불구하고 강화도에서 해도 되는 것을 굳이 서울까지 가서, 대부분의 선생님이 기피하는 1박 2일 일정으로 체험활동을 한 것은 평소 도시를 경험하기 어려운 아이들을 위해서였다. 아마 아이들에게는 평생 잊지 못할 추억이 되었을 것이다.

이 이야기를 들으며 연구학교, 시범학교에 대해서 생각해보게 되었다. 연구학교 발표회에 가보면 거의 대부분 계획했던 연구주제와 연구문제가 유의한 효과가 있다고 발표한다. 단 한 번도 실패했다는 결과를 본 적이 없다. 교육부나 시·도교육청에서 연구학교로 지정하기만 하면, 연구결과는 거의 100% 효과가 있다는 것이다. 아마 수천 개 이상의 학교에서 시행되었고 시행되고 있는 연구학교. 지금까지 운영된 연구학교의 성과 중에서 1%만 학교 현장에 적용되었어도 교육은 달라지지 않았을까 생각한다.

왜 이렇게 연구 따로, 현장 적용 따로인 현상이 벌어졌을까? 내가 있는 지역에서는 '5년만 채우자'라는 말이 있다. 연구학교 근무 5년이면 승진을 위한 연구점수가 만점이라는 뜻이다. 연구학교 점수와 동일한 연구점수를 부여하는 교육청 지정 단위 학교 체험학습장은 고된 업무에도 불구하고 그 업무를 맡기 위해 교사들의 알력다툼이 치열하다. 학생들은 어떨까? 기존 교육과정과는 별도로 수많은 프로그램을 소화해야 한다. 성공적인 연구학교 결과 발표를 위해 무엇인가 산출물을 반강제적으로 만들어내야 한다. 한마디로 지금 연구학교는 '승진'과 '점수'만 있지, 정작 중요한 '교육'과 '학생'이 없다.

남궁은정 선생님처럼 연구학교나 시범학교 운영의 목적을 '점수'보다는 '학생'들에게 두기를, 또 그 결과 교사도 학생들도 그리고 그들의 교육도 더욱 행복한 방향으로 발전해 나가기를. 이런 이야기를 이 에피소드를 통해 담아내고 싶었다. 지금도 시행되는 수많은 학교 연구가 오롯이 '학생'과 '교육'에 초점 맞춰지길, 그러한 환경이 조성되기를 소망해본다.

             * 재미를 위해 뒷부분 내용은 각색했습니다.

# BONUS TRACK

 유철민_ 인천 가정초등학교 교사. 스마트교육과 진로, 과학 교과 연계 교육에 관심이 많다. 한국3D프린터협회 회원으로, 인천서부영재교과연구회 간사로 활동 중이며 환경동아리를 구성, 운영하고 있다. 참쌤스쿨 1기 회원으로 배우는 낮은 자세로 연구에 임하고 있다.

## 06 우렁각시와 주홍빛

시커멓게 장대비가 내리는 1980년대 어느 이른 봄의 늦은 밤,

한 청년이 버스를 타고 어디론가 가고 있었습니다.

초등학교 신규 교사인 이 청년은 지금 막 첫 발령지에 도착했습니다.

청년 교사의 눈으로 본 첫 학교는,
내리는 비와 어우러진 하나의 풍경이었습니다.

부천 대장국민학교, 지금의 부천 대장초등학교는
부천시에서 유일한 전교생 35명의 3학급의 분교이지만,
80년대 초에는 역사가 20여 년 된 24학급 규모의 꽤 큰 학교였습니다.

청년의 하숙집은 학교 바로 옆에 있는 동네에 있었습니다.
아침저녁으로 논길, 밭길을 거쳐 학교와 하숙집을 오가다 보니
자연스럽게 동네 아이들의 눈에 띄어
보금자리 위치를 들키게 되었습니다.

어떤 때는 아이들이 창문으로 안을 들여다보기도 하고,
'4학년 4반 선생님 집'이라고 수군거리며 지나가기도 했습니다.

이렇게 되니 조금 불안해졌습니다.

화장품이나 향수를 뿌리고 다니는 성미는 아니고, 방에 자물쇠를 채우고 다니자니 주인을 못 믿는 것으로 보일까 싶어 난감했습니다.

그러던 어느 날, 청년은 늦잠을 자서 간밤에 어지럽혀 놓은 책상을
정리할 틈도 없이 출근했습니다.

그런데,

저녁에 돌아와 보니 책상 위를 포함해서
집 안이 말끔해져 있었습니다.

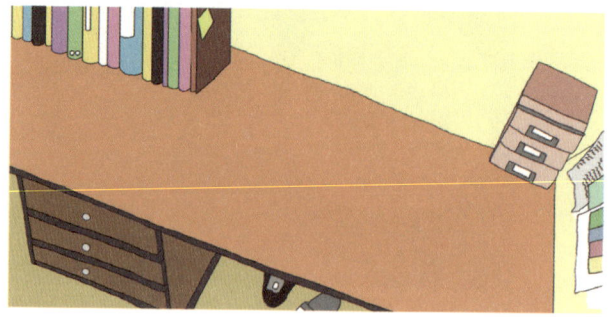

'드디어 올 것이 왔구나!' 하는 생각이 드는 한편,

평소 조회나 종례시간에 자기 물건은 자기 손으로 잘 정리하는
습관을 갖자고 강조하던 자신의 모습과, 진지하게 듣던 아이들의 모습이
머리 위에 교차되어 지나갔습니다.

청년의 제1법칙이 깨졌습니다. 제1법칙이란 '솔선수범'이었습니다.
자신은 엉터리로 하면서 아이들에게 잘하라고 아무리 윽박지르고 달래도
소용없다고 평소 청년은 생각했습니다.

이 녀석들, 우렁각시 흉내라도 내는 것일까요?
아무래도 자주 올 것 같은데, 어떻게 해야 할까요?

다음 날 학교에 갔지만, 청년은 어제 일에 대해서
아이들에게 특별한 말은 하지 않았습니다.

두세 명의 아이들이 자기들끼리 작당해서 한 일이고,
자기들 딴에는 좋은 뜻으로 한 일인데,
혹시나 오해가 있으면 안 되기 때문입니다.

뭐… 누구누구가 우렁각시님인지는 대충 알 것 같네요.

아무튼 그 일이 있은 후에, 청년은 방에 더욱 신경을 썼습니다.

음...잘 생겼군.

평소 외모에는 덜 신경썼습니다. 대충 신경 써도 반 아이들은
자신을 좋아할 거라고 생각했고,
무엇보다 수더분한 것이 간편하고 좋았기 때문입니다.

그러던 어느 날, 청년은 평소처럼 늦게 퇴근하여 집에 돌아왔습니다.

오늘은 내가 빨래한 기억이 없는데,...

집에 들어오니, 책상 위에 무엇인가 놓여 있었습니다.

누군가가 아주 정성껏 포장한 선물상자였습니다.

포장을 풀어보니, 편지 한 장과 주홍빛 빗이 나왔고

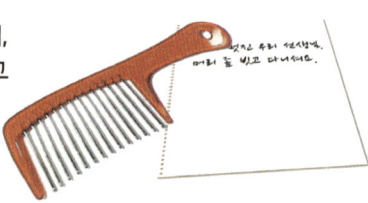

편지에는 간단하게 아래와 같이 적혀 있었습니다.

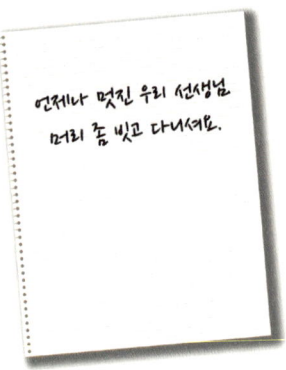

청년의 입에서 '아이구!' 소리가 저절로 나왔습니다. 수더분하게 다니겠다는 생각에 신경 안 쓴 길게 아무렇게나 꼬부라진 머리가 아이들의 눈에는 거슬렸나 봅니다.

게다가 아이들이 오히려 교육학을 이수한 선생님들인 것처럼 보였습니다.
'언제나 멋진 우리 선생님!'이라는데 싫어할 사람이 있을까요?
뭔가 힘든 요구를 하거나 곤란한 말을 해야 할 때
먼저 칭찬을 해주고 나서 하면 훨씬 부드러운 상황이 된다는 사실을
이 녀석들은 알고 있는 것처럼!

학교에서나 집에서나 아이들을 잡으려고
소리나 크게 지를 줄 알았지,
무엇인가 그에 앞서 칭찬해줄 생각을 한 적이 있었는지
생각하게 되었습니다.

며칠 뒤, 드디어 청년은 그 주인공들을 만났습니다.
물론 평소 퇴근시간보다 일찍 퇴근하여 집에 왔을 때.

그 순간에는 청년이나 아이들이나 벙어리였습니다.
어디까지나 선생님이 모르게 선생님을 위해서 하는 것을
재미로 알고 궂은일을 해왔던 우렁각시들이었기 때문입니다.

하지만 그것도 잠시. 과자와 음료수를 사다가 같이 먹고
선생님과 아이들 사이에 허물없는 대화가 오갔습니다.

학교에서는 얘기도 잘하고 웃기기도 잘하는 녀석들이
지금은 새색시 흉내를 내고 있습니다.

청년은 논 가운데로 길게 뻗은 긴 수로의 둑까지 배웅 나갔습니다. 그 둑 위를 걸어 주홍빛으로 물들어 가는 하늘 아래로 멀어져 가며 우렁각시들은 조그만 손을 내내 흔들었습니다.

설거지 좀 하고가지...

## 교사의 권위

나는 90년대에 초등학교를 다녔다. 성적은 최하위권이었고, 외향적인 성격이긴 했지만 주도적으로 학급 일에 나서거나 싹싹하여 선생님과 좋은 관계를 맺는 정도는 아니었다. 가장 기억에 많이 남는 선생님은 단연 6학년 때 담임이었던 K선생님이다. 그 이유는 나에게 체벌을 가장 많이 하셨기 때문이다.

6학년 가을쯤 교실에서 친구와 장난치며 뛰어놀다가 선생님의 캐리커처가 그려진 액자를 넘어뜨려 액자 유리를 깨트렸다. 선생님은 불같이 화를 내며 나와 내 친구의 뺨을 정말 무시무시하게 후려쳤는데, 6학년이었음에도 불구하고 내 몸이 날아갔을 정도였다. 당장 액자 유리를 다시 해오라는 명령에, 친구와 나는 퉁퉁 붓은 뺨을 만지며 방과 후에 주변 유리집을 돌아다니면서 외상으로 유리를 맞추고 교실에 원상 복구했다. 반성할 기회도, 부모님과 상의해 변상할 시간도 주지 않았다. 그때를 생각하면 아직도 분이 가시질 않는다. 지금으로부터 불과 20여 년 정도밖에 되지 않았지만, 권위적이고 강압적인 시절이었다. 90년대가 이 정도였으니, 그보다 더 오래된 7, 80년대는 아마 더하면 더했지 덜하진 않았을 것이다.

나는 우월한 힘과 지위를 이용해 누군가의 자율성과 의사 표현을 가로막는 것과 또 이것을 권위라고 생각하는 사람에게 엄청나게 거부감을 느낀다. 정당한 권위에 대한 존중은 필요하지만, 권한을 남용하고 자신의 경험을 바탕으로 한 개인 의견에 무조건 따르라고 강요하는 것은 폭력과 다를 바 없기 때문이다. 잠시 권위자의 의도대로 될 수는 있겠지만, 결국 한계가 있다는 것은 누구나 알고 있는 사실이다.

이 사연을 보내주신 분은 경기도에서 근무하시는 L교장 선생님으로 내가 정말 본받고 싶어 하는 멘토이다. 모든 일을 합리적이고 혁신적으로 진행하며 앞에서도 보았듯이 매사 솔선수범하는 분이다. 내가 교사들의 사연을 받아 웹툰을 그리기 시작했다는 말을 듣고 바로 사연을 보내주셨다. 비교적 최근 사연 중심의 젊은 선생님들의 이야기만 그리다가 교장 선생님의 30년 전 사연을 받아보니 매우 신선했다.

반 여자아이들이 총각 선생님 방에 몰래 들어가 우렁각시 노릇을 했다는 이야기. 옛날 동화책에나 나올법한 이야기지만, 선생님과 제자의 허물없고 순수한 관계 맺음이 너무 아름다웠다. 평소 교사를 대하는 교장 선생님의 태도를 보면 그때 아이들에게 어떤 마음가짐과 태도로 다가갔을지 대강 짐작이 간다. 단호한 원칙을 바탕으로 합리적이며 친절하게 아이들을 대하는 L선생님을 보며, 아이들은 매우 즐거워하면서 따랐을 것이다. 나는 이것을 선생님들만이 할 수 있는 '선생님의 권위'라고 부르고 싶다.

20년 전, 매 시간 체벌을 일삼는 선생님을 보면서 두려움과 분노에 몸서리쳤던 내 모습을 만든 것도, 몰래 선생님의 집에 들어가 궂은일을 했던 우렁각시들을 만든 것도 다름 아닌 그때 그 담임선생님들이었을 것이다.

# BONUS TRACK

이서란_ 서울 숭인초등학교 교사. 인디스쿨 ID '하바별(HABASTAR)'. 교사가 되어서도 학생 때처럼 교과서에 낙서하기도 하고, 남이 만든 좋은 자료보다 자기가 만든 부족한 자료를 더 선호하는 고집쟁이다. '내 그림으로 가득 찬 교실 디자인하기'가 꿈이다. 참쌤스쿨 1기로 열심히 배워 교육 현장에 적용할 수 있기를 소망한다.

**삶을 바꾼 한마디**

저는 말썽꾸러기입니다.

얼마나 말썽꾸러기였는지, 집에서는 일찍 학교에나 다니라고
취학연령이 되기 전에 학교에 보냈을 정도였습니다.

아마도 위로는 누나가 넷이고 동생마저 여동생인 외아들이라
버릇이 나빠졌던 것 같습니다.

그러던 어느 날 수업 시간에, 담임이셨던 박실경 선생님께서
"바람을 이용한 기계나 시설을 아는 대로 말해 보라"고 하셨습니다.

저는 얼른 손을 들어 대답했습니다.
시골에서는 집집마다 매일같이
사용하던 것이므로
곧바로 답을 맞힐 수 있었습니다.

지금 생각해도 별 것 아닌데 선생님은
"참 잘했다"고 말씀해주셨습니다.

심지어 수업이 끝난 뒤 교문을 나설 때 또 다시 칭찬하셨습니다.
평소 말도 없고 말썽이나 부리던 아이가 답을 맞혔으니
특별히 칭찬해주셨는지도 모르겠습니다.

평소 장난만 치던 저에게
선생님의 칭찬은
참으로 큰 충격을 주었습니다.
'나도 뭔가 잘할 수 있는 아이구나!'
라는 생각을 하게 만든 것입니다.

실제로 그 후 저는 달라졌고, 하루아침에 세상을 보는 눈이 달라졌습니다.
그 결과 공부가 좋아지게 되었고 졸업할 때는
교육장상까지 탈 정도가 되었습니다.

시간은 지나 저는 사법고시에 합격하여 인권변호사로 활동하게 되었습니다.
지금 생각해보면 참 아무것도 아닌 것을 가지고 선생님은
칭찬을 아끼지 않으셨고, 그 칭찬은 제 인생을 크게 변화시켰습니다.

그 후 선생님께서는 제가 졸업한 초등학교에 교장 선생님으로
부임하셨습니다. 그리고 어느 날 서울로 저를 찾아오셨습니다.

선생님께서는 이런저런 말씀 끝에 주저하시며,

우리 학교에 자네 같은 훌륭한 졸업생도 있는데, 아직 컴퓨터가 한 대도 없구나. 혹시 여건이 되면 컴퓨터를 한 대 사주면 후배들이 얼마나 좋아하겠는가.

오늘의 저를 있게 한 선생님의 부탁인데 어찌
그 요청을 거절할 수 있겠습니까.

컴퓨터를 들여놓고 선생님은 온 학교와 동네,
이웃 학교에까지 자랑하셨다고 합니다.
그리고 고맙다는 장문의 편지를 제게 보내셨습니다.

제가 한 일은 작기 그지없는데, 이런 저를 또 칭찬해주시니
저는 몸 둘 바를 모를 정도로 부끄러워졌습니다.

그 후 선생님은 정년퇴임을 하셨고,

얼마 지나지 않아 교통사고로 안타깝게도 돌아가시고 말았습니다.

'정년퇴임식에는 꼭 가서 감사의 인사를 올려야지' 했는데,
저는 업무 때문에 가지 못했습니다.

항상 그것이 마음에 남아, 죄책감과 부채감을 느끼고 삽니다.

선생님의 칭찬으로 자극과 격려를 받고 인생에 큰 지침을 얻었음에도,
사실 저는 다른 사람에게 그것을 실천하는 데 인색했습니다.

앞으로 사람들을 많이 칭찬해주어야지 다짐하지만, 그게 잘 안 됩니다.
그럴 때마다 저는 박실경 선생님을 생각합니다.

이 내용은 아름다운재단 총괄상임이사, 희망제작소 상임이사,
인권변호사, 시민운동가로 활동하시고
2015년 현재 제36대 서울시장으로 재직 중이신 박원순 서울시장님의
일화를 중심으로 구성했습니다.

역시 훌륭한 인물 뒤에는 훌륭한 선생님이 계시네요.

저도 박실경 선생님처럼 칭찬! 칭찬! 칭찬!

# 칭찬의 힘

2003년 출판된 켄 블랜차드의 책 『칭찬은 고래도 춤추게 한다』는 엄청난 베스트셀러로 등극함과 동시에 '칭찬'하면 '고래'를 떠올릴 만큼 관용어구처럼 자리 잡았다. 그 이후에 칭찬의 역효과나 과잉칭찬의 위험 등이 종종 매스컴이나 출판물을 통해 보도되기도 했지만, 여전히 칭찬의 긍정적인 힘은 강력하며, 효과적이고 중요한 의사소통 기술이라고 생각한다.

교대에 입학한 후엔 칭찬의 중요성을 더욱 많이 배웠다. 교수 화법이나 교육학, 수업의 실제를 배울 때 교수님들은 칭찬의 효과, 즉 피그말리온 효과와 로젠탈 효과를 강조하셨다. 정작 그 교수님들은 누구를 칭찬하는 것을 들어본 적은 없지만 말이다. 하지만 그 교수님만 흉볼 수도 없는 것이 나 역시 칭찬을 자주 하는 사람은 아니다. 하루 열두 번도 더 우리 반 학생들에게 칭찬을 많이 하고자 다짐하며 교실 문을 열지만, 오늘도 엉망이 되어있는 교실과 복도에서 전력질주를 하는 아이들에게 잔소리를 하고 만다. 숨 가쁜 하루 일과가 끝나고 아이들이 떠나 조용한 교실이 되고 나서야 '아! 오늘도 칭찬을 많이 못 했구나' 하는 반성만이 남는다.

학창 시절을 떠올려 보자면, 나는 칭찬을 많이 받는 학생은 아니었다.

오히려 잔소리를 많이 듣는 학생이었다. 그런 학창 시절, 선생님께 들은 칭찬은 아니지만 아직도 내 기억에 또렷이 남은 칭찬 하나가 있다.

4학년 미술 시간, 자신이 그리고 싶은 동물카드(당시엔 문구점에 가면 동물카드, 식물카드 등을 팔았다)를 가지고 와서 그 카드를 보고 그림을 그리는 시간이었는데 나는 무엇을 그릴까 고민하다가 그나마 쉬워 보이는 독수리카드를 가지고 갔다. 다른 카드들은 배경도 그려야 했지만, 내가 선택한 카드는 독수리가 큰 날개를 쫙 펼친 채 하늘을 가로지르는 사진이라 '배경을 그리지 않아도 되겠구나' 하는 꼼수에서였다. 내 예상과는 다르게 다른 아이들은 토끼나 사자, 하이에나, 기린 등의 동물카드를 가지고 왔고 우리 반에서 독수리카드를 선택한 건 나 하나뿐이었다.

수업이 시작되고 각자 열심히 그림을 그리기 시작했다. 어느덧 스케치가 끝나고 채색이 막 진행되고 있을 무렵 내 뒤에 앉은 친구 놈이 조용한 수업 시간의 정적을 깨고 큰 소리로 외쳤다.

"우와! 얘 그림 좀 봐. 진짜 독수리 같아."

일순간 아이들이 "나도, 나도 볼래"라고 말하며 내 주변으로 모여들었고 갑자기 쏟아지는 칭찬 세례에 내 얼굴은 어느새 시뻘겋게 변해 있었다.

그때가 내가 그림으로 칭찬을 들어본 첫 순간이었다. 그 이후 나는 그림 그리는 것에 부쩍 관심이 생겼고 취미로 삼을 만큼 틈틈이 그림을 그리기 시작했다. 그리고 교사가 된 지금도 여전히 그림 그리는 것을 좋아하고 그림을 그리고 있다.

처음엔 그림을 그려 다시 칭찬을 받고 싶다는 외적 동기가 강했다면, 시간이 지날수록 스스로 그림을 그리는데 만족하고 다른 그림도 그려보고 싶다는 내적 동기가 생기기 시작했던 것 같다. 당시 친구가 칭찬을 해주지 않았어도 그림에 관심을 가졌을 수도 있겠지만, 수십 년이 지난 지금도 그때의 칭찬이 이토록 생생한 것을 보면 나는 그 칭찬을 시작으로 그림 그리기를 시작한 것은 아닐까 생각한다. 그만큼 어렸을 때 받은 칭찬의 기억은 강하고 그것이 칭찬의 힘이 아닐까?

그래서 오늘도 그 칭찬을 생각하며 다짐한다. 오늘은 우리 반 아가(?)들에게 한 번이라도 더 좋은 칭찬을 해주겠노라고. 잔소리보다는 칭찬으로 학생들을 보듬는 교사가 되자고.

"…야! 너 선생님이 뛰지 말랬지!!!"

# BONUS TRACK

 **서성민_** 서울 왕북초등학교 교사. 디지털보다는 아날로그를 좋아했지만, 콘텐츠의 공동제작과 무한 공유라는 이상에 공감해 '참쌤스쿨'에 지원했다. 공동제작에서는 주로 캘리그라피를 담당하고 있다. 캘리그라피, 손그림, 디자인 등이 관심 분야이다.

# 08 공포의 외인구단 1 – The Beginning

저는 27살의 한 떨기 꽃다운 여교사입니다.

오늘은 저와 1년간 생활했던 6학년 남학생들에 관해서 이야기해보려 합니다.

어떤 학생들이었냐면요...

마치... 야생마 같았던.

1번 야생마. A군.

A군은...

숙제를 안 해오는 것은 다반사고,
이에 매를 맞아도 안 아프다며 더 세게 때려 달라던,
편부 가정의 아이로 항상 흥미와 의욕이 없었던 친구였습니다.

**2번 야생마. B군.**

B군은...

습관성 도벽이 있는 친구였습니다.
자신을 컨트롤하기가 힘들었죠.

3번 야생마. C군.

C군은...

알림장은 왜 써야 하냐며 큰 소리로 반항하기도 하던 굉장히 거친 친구였습니다.

매사에 의욕이 없는 A군, 습관성 도벽이 있는 B군, 반항심이 강한 C군.

이 친구들과 1년을 같이 해야 한다니...
그야말로 멘탈이 붕괴되는 것 같았습니다.

제가 이 공포의 외인구단을 어떻게 해야 할까요?

## 09 공포의 외인구단 2 - A군 이야기

A군은 숙제를 너무 하기 싫어하고 공부를 잘 안하는 학생이었습니다.

매사에 의욕이 없는 것이 가장 큰 문제였습니다.

또, 아버지와 단 둘이 살았는데 아버지가 머리를 짧게 깎게 하는 것을
너무나 싫어해 항상 후드 티에 모자를 쓰고 다니는

한 마디로,

어둠의 포스가

A군에 대해 고민하던 중에,
저희 반은 제주도 2박 3일 수학여행을 왔습니다.
역시나 A군은 혼자네요.

A군에겐 일부러 애정표현을 많이 했습니다.

자꾸 싫다고 빼는 아이 팔짱을 제가 끼면서 끌고 다녔습니다.

제주도에서 어딜 가든 볼 수 있는
흔한 기념품용 돌하르방...
다른 아이들에게 받았다면
별 일 아니었겠지만,

좀처럼 자기감정을 드러내지 않았던 A군에게 받으니 정말 감동이었습니다.

아름다운 A군,

이날부터 우리 반 모든 친구들은
A군을 '아름다운 A군'이라 불렀고,

아름다운
A군아~
나 지우개 좀
빌려주라.

우윳빛깔
아름다운 A군아~
선생님이 너
오라고 하셨어.

아름다운
A군아~
나랑 카드게임
할래?

아름다운
A군아~
너 은근 디게
웃기다?

아름다운 A군아~
너 비스트
윤두준이랑
조금 닮았어.

결국에는,

··· 우리 반을 더욱 아름답게 만들겠습니다!

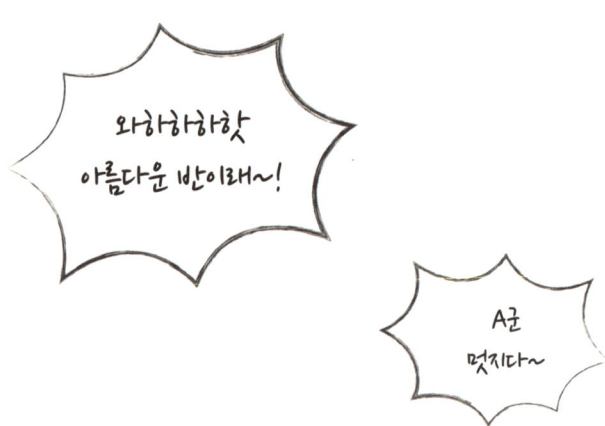

그 후로 2년이 지나고...

지금 A군은 중학생입니다.
그것도 레슬링 국가대표를 꿈꾸는 운동선수로요!

# 10 공포의 외인구단 3 – B군 이야기

친구들에게 돈을 빌리고 갚지 않던 B군.
답답한 마음에 제가 오히려 빚쟁이처럼 닦달했네요.

며칠 후

저에게 자랑스럽게 돈을 다 갚았다고 말한 B군,
하지만 저는 은근히 불안한 마음이 들었습니다.

아... 제 감은 이럴 때 왜 틀린 적이 없는지...

일단 흥분하신 할아버지, 아주머니를 따로 모시고
자초지종을 들어봤습니다.

정말 난감했습니다.
순간 해맑게 용돈을 받았다며 얘기한 B군이 원망스럽기도 하고,

무엇보다 B군에게 얼른 돈 갚으라고
채근했던 제 자신도 너무 부끄러웠습니다.

그렇게 그 날의 소동은 좋게(?) 마무리 되었습니다.

그 일을 계기로, B군에 대해서 더 자세히 알게 되었습니다.

용돈도 주기적으로 받는데, 친구들과 하루 만에
사먹는 것으로 돈을 한꺼번에 다 써버린다는 것,

도벽이 있는 것을 친구들도 다 알고 있어,
친구들 사이에서 '거지', '도둑'으로 따돌림 받고 있다는 사실.

부모님과의 상담도 여의치 않았습니다.
결국 B군의 누나와 연락을 해서 B군의 집으로 찾아갔습니다.

아... 드라마에서나 보던 달동네...

B군 누나와의 상담은 별 소득이 없었습니다.

한편으로는 이래서 아이가 돈만 생기면 밖에서 겉도느라
한꺼번에 다 써버리고 또 못된 손버릇이 생겼구나...
하는 생각도 들었습니다.

B군 누나와의 상담은 마쳤지만, 그대로 돌아갈 수는 없어,
근처 반장의 집에 들렀습니다.
반장이라면 B군의 친구가 될 수 있을 것 같아서였습니다.

다행히, 반장의 어머니께서는 B군의 사정을 듣고
반장과 친구가 될 수 있도록 도와주신다고 하셨습니다.

그렇게 며칠이 지나갔습니다. 한번 혼쭐도 났고,
친구도 생긴 B군의 나쁜 버릇이 없어진 듯했습니다.

하지만...

순간 B군이 한 짓이라는 직감이 왔습니다. 눈앞이 캄캄해졌습니다.

그 순간,

뒤 쪽에 앉은 B군이 굉장히 당황해하는 모습이 눈에 띄었습니다.
아마 자기 잘못을 깨달았겠지요.

## 하교 시간 즈음

B군이 내 마음을 눈치 챈 건지,
혹은 그냥 자기의 잘못을 숨기기에 바빴는지 모르지만,

이렇게 아이들에게 얘기하고 끝냈습니다.

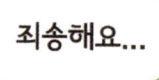

실망감에 저는 B군을 아주 많이 혼냈습니다.
돈이 없고 가난한 것은 조금 불편한 거지만
도둑질하는 것은 엄연히 큰 죄고 부끄러운 것이라고...

B군도, 저도
참 많이 울었습니다.

B군에게 돈은 돈 그 이상의 의미였습니다.

그래서, 꼭 좋은 방법은 아니었지만 이것저것
잔심부름을 시키고 용돈을 주기도 하였습니다.

정정당당하게 돈을 벌도록 하고
싶었기 때문입니다.

요 녀석도 맘이 편치 않았는지,
조금 하다가 그만 두더라고요.

B군에게 돈은 외로움을 해소하는 것이었고,
잠깐이나마 친구들에게 큰 소리 내고
당당해질 수 있는 도구였습니다.

그 후 B군은 친구들에게 다른 방법으로 다가가는 법을 자연스럽게 익혔습니다.

돈을 훔쳐서 친구들이랑 놀지 않아도,
친구는 생길 수 있다는 사실을 깨달은 듯했습니다.

그 후로는 우리 교실에 도난 사건은 벌어지지 않았고,
B군도 반 친구들과 훨씬 더 친해져서 아주 즐겁게
6학년 생활을 잘 마무리했답니다.

# 11 공포의 외인구단 4 – C군 이야기

알림장 쓰기 싫다고 저에게 대놓고 반항했던
C군은 정말 다루기 힘든 친구였습니다.

폭력을 쓰진 않았지만 C군 나름의 카리스마로
다른 아이들에게 큰 영향을 줄 수 있었기 때문입니다.

알림장 사건 이후 C군을 대하는 게 정말 힘들었고
C군도 저에게 먼저 다가오진 않았습니다.

그러던 어느 날

방과 후에 교실 창문으로 운동장을 바라보고 있었는데,

C군이 친구들과 캐치볼을 하고 있었습니다.

늘 인상만 쓰고 다니던 C군이 저런 행복한 표정을 짓다니!

C군과 기싸움을 하기보다는 C군이 즐거워할만한
무언가를 찾아 C군의 마음을 열어보기로 결심했습니다.

그날부터 밤마다 C군이 평소에 관심을 보이던
여러 분야를 검색해보기 시작했습니다.

며칠 후

수업 시간 외에 C군에게 말을 걸어보는 것도 오랜만이라 어색했습니다.

C군의 부모님께 전화 드려서 같이 가게 되었습니다.
C군은 공연장까지 왔지만 여전히 저에게 눈길 한번 주지 않았습니다.

어색한 시간을 깨는 북소리, 장구소리…
공연이 드디어 시작입니다!

여전히 투덜거렸지만
관심을 보이기 시작하는 C군이었습니다.

공연은 절정에 이르렀고

넋을 놓고 보는 C군입니다.
전 성공을 직감했습니다.

세상에! 무뚝뚝한 C군이 풍물패 사이로 달려가
신나게 춤을 추는 것이었습니다!
캐치볼을 할 때의 행복한 표정 그 이상이었습니다.

C군은 '흥'이 있는 학생이었습니다.
특히 몸을 움직이는 활동을 정말 좋아해
풍물에 더 흥미를 느꼈을지 모르겠습니다.

그날 이후 저와 C군의 관계는 정말로 좋아졌습니다.
C군이 닫혔던 마음의 문을 활짝 열었다고 할까요.

매사에 의욕이 없던 A군,
습관성 도벽이 있던 B군,
반항심이 강했던 C군.

이 공포의 외인구단은 이제 모두 중학생이 되었습니다.

부족하지만 자신의 길을 찾아 열심히 공부하고 있는
이들을 떠올릴 때마다 저는 너무나 행복하답니다.

# 줄다리기

　어떤 선생님이나 기억에 오래 남는 학생들이 있다. 그 이유는 교사마다 다르고 다양하겠지만, 개인적으로는 나를 조금 힘들게 한 학생들이 기억에 더 오래 남는다. 졸업한 후에, 착하고 말 잘 들었던 모범생보다는 일 년 내내 나와 지지고 볶았던 학생들이 반갑게 찾아오는 걸 보면 내 학생들도 나와 별반 다르지 않은 모양이다. 감히 추측해 보건대 모범생이었던 아이들은 새로운 환경에서도 충분히 사랑받고 있기 때문이 아닐까 싶다. 때문에 가끔 우리 교실에 찾아오는 말썽꾸러기들이 혹시 과거에 나와 그랬던 것처럼 현재의 담임선생님과 삐걱거리는 것은 아닌가 걱정도 되지만, 나를 잊지 않고 찾아오는 것이 반가운 것은 어쩔 수 없다.
　세상에 다양한 사람이 있듯이 교실에도 다양한 학생이 존재한다. 같은 나이, 같은 동네에 살지만 아이들은 저마다 다르고 개성 또한 뚜렷하다. 사람이 사람을 만날 때 누구에게나 잘 맞는 사람이 있고 그렇지 않은 사람이 있듯, 교사 또한 피하고 싶은 학생이 있는 것이 사실이다. 교사들이 공통적으로 피하고 싶어 하는 학생들은 아무래도 작년에 말썽으로 유명했던 학생들이 아닌가 싶다. 교실은 분명 학습공간이지만 9시에 등교해서 초등 고학년 수업이 끝나는 3시까지, 30명에 달하는 학생과 교사가 밥도 먹고 놀이도 하는 생활공간이기도 하다. 그래서 사사건건 말썽을 일으키는 아이가 있다는 것은 여간 골치 아픈 일이 아니다.

  광주에서 근무하시는 박인숙 선생님이 장편의 글로 보내주신 '공포의 외인구단' 사연은 그래서 더 놀라웠다. 도벽이 있는 학생, 반항하는 학생, 지독한 학습부진 학생 등 교사라면 사실 피하고 싶은 학생들이 한 교실에 모여 있었기 때문이다. 또 박인숙 선생님의 당시 나이는 27살, 아직 파릇파릇한 신규 교사 시절이었을 테니 처음 이 학생들과 마주했을 때 느끼셨을 당황스러움이 모니터 너머로 느껴질 정도였다.

  교직 생활 중 수없이 많이 만나는 소위 '문제 학생'을 지도하는 것은 끝이 보이지 않는 교사와 학생 사이의 줄다리기라고 할 수 있다. 이 기나긴 줄다리기에서 승리하는 사람은 힘이 센 사람이 아니라 더 큰 끈기를 가지고 있는 사람이 아닐까. 마치 절대 포기하지 않았던 이인숙 선생님처럼 말이다. 때문에 오늘도 교실에서 학생들과 지지고 볶느라 머리를 싸매고 고민하는 나를 포함한 모든 선생님에게 응원의 말을 전하고 싶다. 우리가 이 줄다리기의 끈을 놓지만 않는다면, 언젠가 아이들은 진심을 알아줄 것이라는 희망의 말과 함께.

# BONUS TRACK

교대 2학년 1학기. 첫 참관 실습을 나갔어요.
밤하늘 반짝이는 별처럼 빛나는 아이들을
만날 생각에 심장이 콩닥콩닥 뛰었지요.

일주일이라는 짧은 시간 동안 아이들과
많은 시간을 보내고 싶어 점심시간에 같이
미키마우스 술래잡기를 하면서
열심히도 뛰어놀았어요.

똑똑하고 예쁘고 부러울 게 없어 보이는 재희라는 친구는요,
쉬는 시간에 모래로 '바닐라향 머핀'을 만들어서 제게 선물하는 게 아니겠어요.
그렇게 도도한 재희랑 친구가 되었지요.
재희는 자기에게 관심이 없는 엄마에 대한 서운함이 많은 친구예요.
그래서 부모님 얼굴 그리는 시간엔 엎드린 채 울면서 아무것도 그리지 않았어요.
재희는 엄마의 관심이 간절한 아이예요.

또 우리 반에는 만능 체육인에 얼굴도 잘생기고 인기도 많은
반장 준이가 있어요. 준이가 장래 희망을 그리는 시간에,
가만히 아무것도 그리지 않고 있다가 저에게 시무룩하게
이야기하더라고요.
"선생님, 저는 어떤 직업을 가져야 할지 모르겠어요."

겉으로 보기엔 꿈도 많고 원하는 바를 척척 이룰 것 같은 준이.
저는 이렇게 말했어요.

"지금 꼭 직업을 정할 필요는 없어.
아직 꿈이 없어도 괜찮아.
억지로 그리지 않아도 괜찮아."
준이는 저랑 이런저런 이야기를 하면서
결국 그림을 그리진 않았어요.
저는 괜찮다고 생각했어요.

일주일 교생 참관 실습을 하면서
부러울 게 없어 보이는 아이에게도 마음의 결핍이 있고,
엎드려 시무룩한 아이에게도 마음속 행복이
가득하다는 걸 알게 되었어요.
아이들은 겉모습만 보고서는 알 수 없어요.
시선을 마주하면서 마음을 마주하고
아이들에게 저의 따스한 온기를 전해주고 싶어요.

 **공수민_** 춘천교육대학교. 어릴 때부터 그림 그리기를 좋아했다. 산업공학과를 졸업하고 은행원으로 일하다 아이들을 사랑하는 초등학교 교사가 되고 싶어 다시 공부를 하고 있다. 그림판에 마우스로 그림을 그려 참쌤스쿨에 참여하게 되었다. 아이들을 만나면서 느낀 것을 그리고 싶다.

## 12  천식보다 강한 친구들의 마음

이 이야기는 경기도 S시의 한 초등학교에서 있었던 일입니다.

오늘도 우리 5학년 3반은 정신이 없습니다. 상준(가명)이가 또 시작입니다. 컥컥컥... 끊이지 않는 기침에 다른 친구들의 인상이 찌푸려집니다.

상준이는 천식이 있는 친구입니다. 상준이의 기침 때문에 수업이 될 리가 없지요.

그런데 상준이가 조금 이상합니다. 기침을 하다가 이상한 행동을 하기도 하고, 수업 시간에 계속 엉뚱한 질문을 하는 등 어딘가 달라 보입니다.

사실 상준이는 특수교육을 받고 있는 지적장애 학생입니다.

큰 문제입니다. 천식을 치료하려면 약도 꼬박꼬박 먹어야 하고 주변 환경도 깨끗하게 해야 하지만 상준이에게는 너무 버거운 일입니다.

건조한 봄 황사에 상준이의 천식 증상은
훨씬 심해지고 있었습니다.

더불어 아이들도 수업에 방해가 되는 상준이를 점점 피했습니다.

"이러면 안 돼! 상준이를 도와주자!"
평소 상준이를 잘 챙겨주는 은지가 소리쳤습니다.

은지의 말을 듣고 몇몇 친구가 모이기 시작했습니다.
이렇게 하여 상준이 천식 치료 프로젝트가 시작되었습니다.

명해는 소형 가습기를 가져와 건조할 때 습도를 맞춰주었습니다.

은지는 기관지에 좋은 모과차를 보온병에 담아왔습니다.

아영이는 상준이가 약을 제때제때 먹을 수 있도록
시간에 맞춰 알려주었습니다.

선규는 전교에 딱 1개 있는 대형 청소기를 매일 빌려와
청소를 깨끗이 하였습니다.

이런 민간요법(?)이 얼마나 효과가 있었겠냐만...
놀랍게도 시간이 지날수록 상준이의 증세가 나아지기 시작했습니다.

지금은 중학생이 된 상준이,
상준이의 천식 증상을 호전시켜 준 것은,
아마도 가습기, 모과차, 약, 깨끗한 환경 덕분이었겠지만

그보다

친구들의 따뜻한 마음,
그 덕분이 아니었을까요?

## 아이들은 이미 알고 있어요

'드르륵'

교실 문 여는 소리부터 심상찮다. 아니나 다를까 영민(가명)이 어머님 얼굴이 경직되어 있다. 간단한 인사 후 바로 본론으로 들어갔다. 역시 예상한 대로 영민이 어머님의 입에서는 교사로서 참 견디기 힘든 말들이 쏟아져 나왔다.

"1년만 지나면 졸업이지만, 가만히 있지 않겠다."

"내가 교육청에 아는 사람이 있는데, 바로 신고해서 선생님 곤란하게 만들 수 있다."

"지금까지는 별일 없이 잘 지냈는데, 올해 선생님의 지도 능력이 떨어지는 것 같다."

당시 6학년을 지도하는 1년 차 신규 교사였던 나는 매우 당혹스러웠다. 처음 맞는 이런 상황에 어떻게 반응해야 하는지도 몰랐다. 그저 영민이 어머님이 하시는 말씀을 묵묵히 듣기만 했다. 나의 저자세 작전이 통했는지, 30분 정도 분노를 쏟아내신 후 바로 조치하겠다는 내 약속을 받아낸 뒤 집에 돌아가셨다. 어안이 벙벙했다.

영민이는 장애학생이다. 정신지체 1급. 우리 반은 통합학급이었다. 통합학급이란 일반학급에 장애학생이 통합되어 장애학생이 일반 학생들과 같은 환경에서 교육을 받는 학급이다. 학기 초 몇몇 짓궂은 남자아이가 영민이에게 이것저것 우스꽝스러운 행동을 시켰는데, 영민이가 거부하자 발로 차고 뒤통수를 때린 일이 있었다. 이 사실을 안 영민이 어머니가 불같이 화를 내시며 교실로 달려온 것이었다.

그런 영민이 어머니의 행동에 나름 부아가 치밀 법도 했지만, 화보다는 미안함이 가득했다. 아무리 신규 교사라고는 하지만 영민이를 위해 내가 지금껏 배려한 것이라고는, 반에서 가장 착하고 친구를 잘 돌봐주는 여자아이 한 명을 짝으로 앉혀 놓은 것밖에 없었기 때문이다. 영민이는 그동안 우리 반에 그저 '물리적으로' 통합되어 있었던 것이다.

초등학교에서 6학년은 선생님들이 가장 기피하는 학년이다. 요즘 아이들은 성장이 빨라 이미 6학년이면 대부분 사춘기에 접어드는 정말로 '초등학생답지 않은' 초등학생들이기 때문이다. 아이들이 5학년 때까지는 별일 없다가 6학년이 되면 대형 사고를 한 번씩 치는 것도 그 때문이다. 어쨌든 나는 영민이 문제를 해결해야 했다.

우리 반 아이들은 처음에 '장애'라는 단어를 굉장히 민감하게 받아들였다. 마치 입 밖으로 꺼내면 안 되는, 선생님 앞에서 말하면 바로 혼이 나는, 아이들만의 '욕'과 같은 단어였다. 아마도 '장애'라는 것 자체가 아이들에게 놀림감이 되기 때문이었을 것이다. 영민이는 '귀찮은 친구, 잘못 대했다가는 선생님께 혼나는 친구, 무조건 우리가 봉사해야만 하는 친구'로 인식되고 있었다.

실제로 그랬다. 영민이는 정말 손이 많이 가는 학생이었다. 숫자도 10을 넘어가면 세지 못하고, 운동도 못 하고, 그림도 못 그리고, 누군가 싫은 소리를 하면 항상 울었다. 그러면서 나에게는 친구들이 한 짓을 조목조목 일러바쳐, 아이들에게 '공공의 적'이 되어 가고 있었다. 4월에는 아이들을 모아놓고 '이렇게 해라, 저렇게 해라, 참고 봐줘라'라고 얘기했지만 그때뿐이었다. 내가 직접 개입을 하니, 아이들이 내가 알지 못하게 영민이를 은근히 왕따 시키고 있었다. 방법을 바꿔야만 했다.

마침 특수교육을 전공하게 되면서 '다양성'에 대한 생각을 많이 하게 되었다. 이 세상 어떤 누구도 똑같은 사람은 없다. 부모와 자식, 형제자매 간도 서로 다른 점이 많아 갈등이 생긴다. 하지만 그 사람이 왜 이런 말을 하고 이런 행동을 하는지 열린 마음으로 생각하는 것이 가장 우선이다. 그것이 학교에서 배우는 사회이며, 어른이 되어가는 과정이기 때문이다.

다양성에 초점을 맞추고 내가 가장 먼저 시작한 것은 교육과정 분석이었다. 초등학교 전 과목에 나오는 교육내용을 살펴보고 학습 목표를 건드리지 않는 선에서 장애이해 관련 내용을 조금씩 삽입하였다.

예를 들어 국어과 광고의 의도를 알아보는 수업이라면 교과서에 제시된 공익광고 중에 장애인에 대한 편견과 관련된 광고 예시를 삽입하고, 사회과의 지방자치단체가 하는 일을 알아보는 수업이라면 장애인에 대한 복지, 유니버설 디자인 등에 관한 내용을 제공하는 식이다. 또한 도덕과 어려움을 극복한 사람들을 알아보는 수업이라면 장애를 극복한 몇몇 위인들의 영상을 보여주고, 과학과 과학 원리를 이용한 편리한 도구를 알아보는 수업이라면 기울기를 활용한 장애인용 경사로를 도입단계에 제공할 수 있다.

이러한 교과 수업을 이용한 장애이해수업은 이벤트 형식의 일회성 장애이해교육을 보완해줄 수 있으며 장애이해내용을 계속해서 아이들에게 노출시켜, 더욱 효과적으로 장애이해교육을 할 수 있다고 생각했기 때문이다. 그야말로 아이들이 장애에 대해 거부감을 느끼거나 편견을 갖지 않도록 '쉴 새 없이' 장애이해교육을 했던 것 같다.

시간이 지나자 조금씩 변화가 생겼다. 아이들이 슬그머니 장애에 대해서 나에게 물어보고, 영민이에게 일부러 말도 걸어보고, 이것저것 자기들끼리 장난도 치는 모습을 보면서 다른 아이들과 영민이의 벽이 조금씩 허물어지고 있다는 느낌을 받았다. 또한 영민이 뿐만 아니라 아이들도 서로 배려하고 돕는 모습이 눈에 띄게 늘어났다. 물론 학기 초에 비해 다투는 일도 많이 줄어들었다.

"선생님! 동물원에 코끼리만 있으면 정말 재미없을 것 같아요!"

수업 시간, 다양성에 관해 이야기하고 있을 때 한 아이가 말했다. 그러자 다른 아이들도 발표를 이어갔다.

"식탁에 당근만 있으면 정말 죽을 것 같아요. 고기만 있어도 완전 느끼해요."

"월드컵에 똑같이 잘하는 국가만 있으면 정말 재미없을 거예요. 계속 비길 테니까요."

아이들도 이미 다 알고 있었다. 모두가 알고 있는 사실을 교사는 끄집어내 주기만 하면 되는 것이었다.

시간이 흘러 아이들은 무사히 초등학교를 졸업했고 인근 중학교로 뿔뿔이 흩어졌다. 나는 다시 새로운 학년을 맡았고, 학기 초 바쁘게 생활하고 있을 때쯤이었다. 영민이 어머니가 찾아오셨다. 졸업식 때도 따로 인사를 못 드렸는데 무슨 일인가 싶었다. 영민이 어머니가 선물상자를 하나 꺼내 놓으셨는데 열어보니 예쁜 그릇과 도자기였다.

"제가 직접 만든 도자기예요. 작년 이맘때쯤 일이 선생님에게 너무 죄송스러워서…"

나는 이미 다 잊고 있었는데 졸업한 학교까지 찾아와 선물을 주시니 참 감사할 따름이었다. 영민이의 중학교 생활에 대해서 이것저것 이야기를 나누고 영민이 어머니는 집으로 돌아가셨다. 1년 전과는 180도 다른 느낌이었다. 이런 게 교직 생활의 보람이구나!

나는 일부러 매년 통합학급을 맡는다. 반에 장애학생이 있다는 것이 매우 부담일 수도 있지만, 장애학생으로 인해 학급 친구들이 서로의 차이를 인정하면서 서로 배려하고 돕는 데 더 좋을 것이라 믿기 때문이다. 또한 이 학생들이 커서 사회에 나가 주위에 있는 장애인들을 편견 없이 대할 것이고 나아가 우리 사회도 더욱 아름다워질 수 있을 것이라 생각하기 때문이다. 이는 내 꿈이다.

유난히도 밝았던 나의 첫 번째 학생들, 특히 그해 11월 11일 빼빼로데이에 몇 개의 빼빼로를 손에 들고 그렇게 기뻐하는 영민이의 표정을 잊을 수가 없다.

# BONUS TRACK

**김민수_** 경인교육대학교. 아직은 잘하는 것 없이 오직 똘끼만 충만한 늦깎이 대학생이다. 학교에서 수강한 참쌤의 강의를 계기로 참쌤스쿨에 무임승차했지만, 조만간 요금을 내겠다는 각오로 열심히 배우는 중이다. 이 책에 그림을 올린 능력 있는 선생님들처럼 독특한 그림으로 특별한 선생님이 되는 것이 지금의 목표!

#  100점짜리 배려심

벌써 10년 전 일이네요.

2004년 인천 양지초등학교에서 3학년을 담임하고 있을 때의 일입니다.

시험지는 부모님께 꼭 보여드리고 싸인 받아와요!

우리 반 반장 상욱이.

또래 아이들답지 않게 어른스럽기도 하지만
어딘가 모르게 건방져 보이기도 했습니다.

다음 날 아침,

전날 내준 숙제를 검사했습니다.

다른 아이들은 전부 앉아 있는데
상욱이만 혼자 일어났습니다.

이 녀석이 100점이라고 집에 시험지를 가져가지도
않은 것이 분명합니다.

저는 이 기회에 상욱이의 기를 좀 꺾어보려고 했습니다.

어제 오후

다
　　다
　　　　다
　　　　　닷

순간 그 전날 오후 감기 몸살로 약을 먹고
책상에 엎드려 잠시 잠들었던 것이 생각났습니다.

마음이 찡해 상욱이에게 진심으로 사과했습니다.
상욱이는 시험만 100점이 아니라 배려심도 100점이었습니다.

그 이후로 저는 항상 아이들을 혼내기 전에
먼저 까닭을 묻게 되었습니다.

교사도 실수투성이입니다.
순간의 감정 때문에 돌이킬 수 없는 행동을 하기도 하고 후회도 많이 합니다.
10년 전 저의 잘못을 배려로 뉘우치게 해준 상욱이,
20여 년의 교직 생활에 가장 기억에 남는 학생입니다.

# 배려

　'교사동감'은 주로 선생님들의 사연을 받아 연재하는데, 꽤 지난 일들을 보내주시는 선생님들이 있다. 그런 사연은 선생님들에게 잊지 못할 만큼 큰 감동을 준 사건이 대부분이다. 이번 사연은 부산에서 근무하시는 김영혜 선생님이 보내주셨는데, 10년 전 이야기지만 당시 선생님이 느꼈을 배려의 감동이 얼마나 컸을지 느낄 수 있었다. 사연을 그리면서도 참 이런 학생이 있을까 싶었는데 생각해보니 내게도 잊지 못할 소풍날의 사연이 하나 있다.

　그 날은 무슨 일을 하더라도 행복할 것 같은 참 화창한 날씨였다. 목적지도 학교에서 그리 멀지 않은 서울대공원. '오늘은 우리 반 아이들과 정말 즐겁게 다녀오겠구나'라는 생각도 잠시, 여자아이 하나가 다리에 깁스를 하고 목발을 짚은 채 나타났다. 출발 직전이었기에 별 조치를 하지 못한 채 서울대공원 주차장에 도착했다. 그 날 현장체험학습은 반별로 자유롭게 다니기로 했기 때문에 지도를 보며 어디를 먼저 둘러볼까 하고 고민하던 찰나 학생 한 명이 다급하게 나를 불렀다. 다리를 다친 C가 자꾸 뒤처져 쫓아오지 못하는 것이었다. 결국 반장과 부반장에게 지도를 쥐여주며 갈 방향을 정해주고 나는 C의 부축을 도왔다. 경사로가 급하거나 계단이 있는 경우는 아예 갈 수가 없어 C를 업고 가야 했다.

겨우겨우 도착한 점심 장소에서는 도시락을 마시다시피 하고 또 아이들을 재촉했다. 그러다 보니 설명은 고사하고 아이들의 사진조차 제대로 찍어주지 못했다. 그렇게 정신없는 현장체험학습을 끝내고 학교로 돌아오고 나니 짜증이 밀려왔다.

하지만 동 학년 선생님들과 연구실에서 남은 김밥을 먹으며 이야기를 하다 보니 우리 반 학생들이 사실 엄청난 배려를 했다는 것을 깨달았다. C가 다쳤기 때문에 우리 반은 다른 반에 비해 많은 장소를 둘러보지도 못했고, 천천히 걷느라 그만큼 점심시간도, 쉬는 시간도 짧을 수밖에 없었다. 식물원에 들어갈 때도 다른 반은 금방 보고 나왔지만, 우리 반 아이들은 C가 나올 때까지 누구 하나 이탈하지 않고 건물 밖에서 기다려주었다. 하지만 누구 하나 불평하지 않았고 대신 자기들끼리 순번을 정해 C의 가방을 번갈아가며 들어주었다. 담임인 내가 C에게만 매달려 온 정신이 집중되었을 때 아이들은 자신들이 할 수 있는 최대한의 배려를 C에게, 그리고 교사인 나에게 베푼 것이다. 그 날 찍은 사진이라고는 입구에서 찍은 단체 사진 한 장이 전부였던 정신없는 현장체험학습이었지만, 나에게도 그리고 우리 반 아이들에게도 많은 것을 느낄 수 있게 해준 날이었다.

그 날의 일을 떠올리면 다른 사람의 감정에 공감하고 그 사람의 마음이 편할 수 있도록 먼저 다가가고 행동하는 배려가 얼마나 중요한지, 또 학생들에게 배려를 가르치는 일이 얼마나 중요한지 다시금 되새기게 된다. 말을 잘 안 듣는다고, 실수를 했다고, 무엇인가 부족하다고 학생을 탓하지 말고 나부터 먼저 학생들을 더 배려해야겠다. 그런 나를 보며 우리 반 녀석들도 서로를 더욱 배려하지 않을까.

# BONUS TRACK

 **강세라_** 충북 상봉초등학교 교사. 말보다는 글이, 글보다는 그림이 편해 학창 시절부터 줄곧 뭔가를 그렸다. 미술과 낙서의 중간 어디쯤을 헤매다가 육아툰 〈아가에게〉를 그리게 되었고, 참쌤스쿨과 인연이 닿았다. 원대한 야망보다는 교실의 아기자기한 교구들을 제작하는 것이 작은 소망이다. 한국교원대에서 초등교육과 미술교육을 전공했다.

# 2부
# 동감

## 14 교직 생활 십계명

이번 에피소드는 우리나라 최대의 초등교사 커뮤니티의 유머게시판에 올라온 내용을 만화로 각색한 것입니다.

제 .

 가난과 기초학습 부진은 나라님도 구제 못 한다.

제 이계명.

교생은 연애요, 교직은 결혼이다.

상콤발랄, 세상이 아름다운 교생 시절

하지만 교직은 '사랑과 전쟁'

제 계명.
 옆 반이 하는 일을 우리 반이 모르게 하라.

옆 반 선생님은 별 걸 다한다.

하지만,

평소에 카리스마를 단련한다면, 큰 문제는 없다.

## 제 사계명.

부모를 불러서 해결될 문제는 부모를 부르지 않아도 해결된다.

1단계. 우리 아이는 집에서는 안 그러는 착한 아이다.
2단계. 유독 올해 담임선생님만 지적을 한다.
3단계. 그러므로 담임선생님에게 문제가 있다.

## 제 오계명.

방송시설은 귀한 손님을 알아본다.

신기한 건, 귀한 손님이 돌아가시면 정상으로 돌아온다.

제 **육**계명.

사고처리는 셀프.

...아, 저희 반에 사고가 나서;;

공제회는 우리의 (유일한) 친구.

제 칠계명.

교무업무 피하면, 특기적성 온다.
모두 다 피하면, 6학년 스카우트 온다.

패러디. 3초 뒤 이해하는 사진 中

제 팔계명.

원하는 건 자기주도적 학습, 현실은 시궁창.

책 펴.
문제 풀어.
답 풀어.

제 구계명.

학교가 군대라면 교사는 이등병.

교사는 이등병

군대에서 슈퍼맨.
전지전능한 능력이 요구됨.
시키면 다 함.

**행정실장은 주임원사**

"잘할 수 있지? 앙?"

군대에서 대표적 잔소리꾼.
부대 내의 물자관리와
보급을 담당한다.
총이나 몸보다는
말을 주로 사용한다.

**교감선생님은 대대장**

"일단 하란 말이야."

부대 총책임자이자
모든 실무를 총괄.
오랜 시간 인내로 이룬 고급간부의
위치이기에 의욕이 넘치며
아랫사람을 몰아치는 경향이 있다.

**교장선생님은 사단장**

"안 되는 게 어딨어."

권력의 정점.
군대 내에선 전설을 만들어내는 존재.
"가다가 산이 막으면 산을 허물고,
바다가 막으면 바다를 메워라" 등의
어록이 있음.

그리고 마지막으로

제 십계명.

6학년은 말년병장.

말이 필요 없는 군대의 꽃.
듣는 귀는 있지만, 행동할 마음은 없음.

# 교사가 알아야 할 10가지

### 1. 가난과 기초학습 부진은 나라님도 구제 못 한다

일반적으로 학교에서 말하는 기초학습 부진은 초등학교 3학년 수준의 기초능력(3R: 읽기, 쓰기, 셈하기)에 도달하지 못한 경우다. 대부분 저학년, 아니 그 이전부터 누적된 결과이기 때문에 고학년의 경우 따라잡기가 매우 어렵다. 1년 동안 기초학습부진학생 지도카드를 만들고 매일 남아서 지도해도 마음처럼 잘 되지 않는다. 그래서 현장에서는 단기간에 성과를 내기 위한 점수 올리기식 문제풀이가 이루어지는 경우가 많다. 위에서는 단기적인 문제풀이 위주 지도가 아닌 학생 개개인에게 맞는 학습방법을 적용하라고 하는데 적용을 쉽게 할 수 있으면 이미 이 학생은 기초학습부진이 아닐 것이다.

### 2. 교생은 연애요, 교직은 결혼이다

이 만화를 처음 그릴 때는 총각이라 이해를 못 했는데, 결혼하고 다시 보니 무릎을 탁! 쳤다.

### 3. 옆 반이 하는 일을 우리 반이 모르게 하라

신규 교사 때 많이 들었던 말이다. "옆 반에 위화감을 준다." 우리 반 아이들과 나름 잘해보려고 했던 다양한 이벤트가 동 학년 선생님들에게 위화감을 줄 수도 있다. 그래서 나는 '우리 반이 하는 일을 옆 반이 모르게 하라'를 항상 강조한다.

### 4. 부모를 불러서 해결될 문제는 부모를 부르지 않아도 해결된다

보통 교사가 학생 문제로 학부모를 부를 정도면 굉장히 사안이 큰 경우이다. 그런데 문제가 해결되기보다는 교사와 학부모가 심각하게 의견 대립을 하는 경우를 많이 봤다. 학부모님을 총회나 상담주간에만 뵙고 1년이 지나면 무난하게 잘 지나갔다고 할 수 있다.

### 5. 방송시설은 귀한 손님을 알아본다

군에 있을 때 나와 가장 친한 동기였던 통신소대장은 아주 특출했는데, 행사 때마다 통신장비가 먹통이 되게 하는 놀라운 능력자였다. 특히 불과 5분 전만 해도 새것처럼 잘 돌아가던 통신장비들은 "대대장님 입장하십니다"라는 소리를 끝으로 먹통이 되곤 했다. 학교 방송시설도 행사만 하면 꺼지거나 출력이 안 되는 놀라운 현상이 벌어지곤 한다.

### 6. 사고처리는 셀프

교육활동 중에 사고가 나는 때가 있는데, 그러면 늘 '기승전담임책임'이다. 이유야 어쨌든 교사 책임이라는 거다. 그래서인지 나도 경력이 쌓이면 쌓일수록 모험보다는 안전을 택하게 된다. 누구 하나 내 편이 없는 느낌이다.

### 7. 교무업무 피하면, 특기적성 온다. 모두 다 피하면, 6학년 스카우트 온다

승진하기 위해 0.00001점이라도 필요한 사람을 제외하고 어느 누가 힘든 업무를 맡으려고 할까. 누군가 해야 하기 때문에 어쩔 수 없다고 말하지만 특정 성별, 일정 경력의 선생님들에게 일이 몰아치는 현상도 어쩔 수 없는 것일까.

### 8. 원하는 건 자기주도적학습, 현실은 시궁창

최근엔 어디서나 '학생 중심'을 외친다. 그래서 나도 외친다. 진정한 학생 중심 교육방법은 직접교수법이다!

### 9. 학교가 군대라면 교사는 이등병

학교에 와서 가장 신기했던 것은 선생님들은 시키면 불평불만 하지만 결국은 완벽하게 해낸다는 점이다.

### 10. 6학년은 말년병장

그래도 난 한마디 하면 척! 알아듣는 말년병장들을 매우 매우 선호한다. 가끔은 깊은 대화도 나눌 수 있어 너무 행복하다.

# BONUS TRACK

**제1장.** 아는 길도 물어가라.

**제2장.** 감사와 부탁을 항상 곁에 두라.

**제3장.** 10번 말해야 10명 알아들음을 잊지 말라.

**김지현**_ 대구 강동초등학교 교사. 타 과목에 비해 초등학생들을 위한 음악자료가 부족한 것이 안타까워 스스로 음악 콘텐츠를 제작하기다 '참쌤스쿨'에 영입되었다. 21세기 디지털시대에 발맞추어 웹툰(《초임교사 명심보감》), 학생들을 위한 각종 영상, 그림 등의 콘텐츠를 제작, 디자인하고 있다.

## 15. 어떤 학년 맡고 싶으세요?

### 순수함의 대명사 1학년

전혀 예측할 수 없는 막내 학년.
매사 적극적으로 뭔가를 시켜달라고 하지만 내가 하는 게 낫다.
아주 귀엽지만, 아직은 이성보단 본능에 충실함.

**2학년**

**가장 초등학생 같은 2학년**

인정받으려는 욕구, 놀이에 참여하려는 욕구 등이 가장 활발한 학년.
몸 움직이는 것을 매우 좋아한다.
유아에서 학생이 되어가는 학년.

자주하는 말

"진짜예요?"
"어떻게 하는 거예요?"

**3학년**

### 이젠 제법 학생티가 나는 3학년

나름 학교생활에 적응을 하고 여유가 생기는 학년.
아직 어리지만 굉장히 도전적이고 또래집단에 속하려는 욕구,
자기주도적 활동의 재미를 느끼기 시작한다.

자주하는 말

"선생님! 제가 할래요!"

## '골드 학년'이라고 불리는 4학년

일반적으로 선생님들이 가장 선호하는 학년.
어린아이다운 착한 모습과 자기주도적인 모습이 모두 보이기 때문.
인정받으려는 욕구가 강해 칭찬이 최고!

### 이제 사춘기에 접어드는 5학년

남학생들은 서열이 생기고 감정을 잘 조절하지 못하는 모습이 보인다.
여학생들은 끼리끼리 다니게 되며 신체적인 특징이 두드러진다.
남녀 특징이 더 확실하게 드러난다.

자주하는 말

"그거 하면 뭐 주실거에요?"

말이 필요없는 초등학교의 말년병장

6학년을 맡은 당신은 학교를 옮겼거나, 신규거나.

## 고학년이 좋아요

"선생님, 몇 학년 쓰실 거예요?"

12월 말이면 학교에서 선생님들끼리 인사처럼 건네는 말이다. 학교마다 다르지만 내가 근무한 학교는 겨울방학에 들어가기 전 내년에 희망하는 학년과 업무를 써냈기 때문에 방학 전 '이번 방학 땐 뭐 하세요?'와 함께 가장 많이 들었던 질문이다.

이제까지 내가 맡은 학년은 4, 5, 6학년. 남교사이기도 하고 아무래도 성격상 세심하게 아이들을 챙기기보단 같이 놀면서 활동하고, 내가 농담을 하면 알아들을 수 있는 고학년이 편하다. 같은 초등학생이라고는 하지만 8살과 13살, 달라도 너무 다르달까?

딱 한 번 토요 방과 후 수업으로 1학년 학생들과 수업을 한 적이 있는데, 말이 수업이지 내 기억으론 난장판에 가까웠다. 당시엔 저학년 아이들을 가르쳐본 경험도 없고 애도 없는 총각 시절이라서 '아이들이 어려 봤자 얼마나 어리겠어, 그래도 초등학생인데'라고 생각했던 것 같다.

수업의 구성은 이러했다. 우선 아이들이 주제가 적힌 쪽지를 하나씩 뽑아 주제와 관련 있는 책을 도서관에서 찾아온다. 그 책을 각자 읽고 꽃 모양으로 완성되는 팝업 활동지에 독후감을 작성한 후 다 함께 꽃나무를 완성하는 수업이었다. 나는 막연하게 저학년 하면 교생시절 만났던 3학년 아이들 정도로만 생각하고 수업을 진행했다.

하지만 이게 웬걸, 수업이 시작된 지 5분이 채 되기도 전에 아이들의 질문이 쏟아졌다. 선생님 들고 있는 게 뭐예요, 선생님 화장실 가도 돼요, 선생님 도서관은 언제가요, 선생님 색연필은 왜 가지고 왔어요 등등 선생님, 선생님, 선생님… 질문을 하나씩 받아주면 도저히 안 될 것 같아 결국 강제로 조용히 시키고 설명을 끝낸 후 아이들을 서둘러 도서관으로 보냈다. 그때 주제가 적힌 쪽지를 들고 안절부절못하는 한 아이가 있어 왜 그러냐고 물었다.

"선생님, 뭐 하라는 건지 하나도 모르겠어요."

그 아이의 손을 잡고 도서관에서 차근차근 다시 설명을 해준 후 책을 같이 찾으러 다니며 '아, 저학년도 정말 만만치 않구나' 하는 생각이 들었다. 그 뒤로도 팝업 꽃 만드는 방법을 하나하나 자세히 설명하랴, 같이 쓰는 색연필로 티격태격하는 아이들 말리랴 정신이 하나도 없었다. 한 남자아이는 좀 시간이 지나자 내가 편해졌는지 내 등에 올라타려고까지 했다. 문득 당시 5학년이었던 우리 반 아이들이 그리워졌다.

4시간이 쏜살같이 지나 아이들을 보내고 난 뒤 교실은 엉망진창. 분명 뒷정리를 시킨다고 시켰는데 여기저기 떨어져 있는 색종이 조각들과 아무렇게나 꽂혀 있는 색연필과 가위를 보고 있자니 우리 반 아이들이 평소에 얼마나 내 말을 잘 이해하고 따라주는지 새삼 느낄 수 있었다. 당시 2학년을 맡고 있던 여자 친구는 내 이야기를 듣더니 박장대소한 후, "담임을 맡으면 그래도 잘할 수 있을 거야"라고 했지만, 난 여전히 저학년보단 고학년이 좋다. 언제까지 이럴지는 모르겠지만, 지금은 앞선 질문에 이렇게 대답하고 싶다.

"고학년, 꼭! 하고 싶습니다!"

# BONUS TRACK

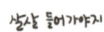

 **강세라_** 충북 상봉초등학교 교사. 말보다는 글이, 글보다는 그림이 편해 학창 시절부터 줄곧 뭔가를 그렸다. 미술과 낙서의 중간 어디쯤을 헤매다가 육아툰 〈아가에게〉를 그리게 되었고, 참쌤스쿨과 인연이 닿았다. 원대한 야망보다는 교실의 아기자기한 교구들을 제작하는 것이 작은 소망이다. 한국교원대에서 초등교육과 미술교육을 전공했다.

# 16 무서워요

이런 학부모님 너무 무서워요

아~ 우리 애 때린 놈 어딨냐구요!?

아 열 받네

사실은 OO이가 먼저 때린 건데...

**CASE 1. 전후 상황 파악하기도 전에 학교에 와서 일단 소리 지르는 학부모님**

집에 돌아간 뒤 대부분 다시 전화한다.

CASE 2. 학교, 교사의 입장보다 아이들 입장에서만 생각하는 학부모님

CASE 3. 닫힌 시각으로 교사를 평가하는 언론과 네티즌들

CASE 4. 교실의 평화를 위협하여 교사의 힘을 팍팍 빼놓는 학생

야 그거 사실이야? 진짜?

완전 재수 없어. 걔가 너 뒷담 까고 다닌다고 하던데…??

와~ 진짜야? 걔, 재수 없다. 앞으로 놀지 말아야겠다.

 CASE 5. '카더라' 통신의 진원 학생. 교사가 눈치 챘을 때쯤 이미 문제는 상당히 진행된 상태.

**이런 교육청 너무 무서워요.**

우...
또 공문 왔네...

[긴급] OO 의원 요구자료 제출

기일 엄수하여 제출해주시기 바랍니다.

아.. 의원님 아침부터
뭐가 그리 궁금하신가요.

CASE 6. 항상 [긴급]한 요구자료들.

## 수업 중 너무 무서워요.

 **CASE 7.** 수업 시간을 방해하는 각종 전화와 민원.

## 무력감

　어떤 직업이든 힘든 점이 있고 힘든 날이 있다. 나는 교사생활에 참 만족하고 있지만, 기억에 남는 몇 가지 힘든 일화가 있다. 그중 하나는 내가 다른 사람에게 쉽게 말하지 못할 정도로 스트레스를 주었던 일인데, 그때와 같은 일이 생기면 어떻게 풀어나가야 할지 지금도 모르겠다.
　국어 시간, 책을 읽고 독서 감상문을 쓰는 것에 대해 배우는 단원이었다. 단원이 마무리되는 차시여서 학생들에게 각자 마음에 드는 책을 학교 도서관에서 골라 감상문을 쓰라고 했다. 두 시간 후 감상문을 검사하는데, 한 학생이 한 글자도 쓰지 않은 빈 종이를 가지고 왔다. 왜 쓰지 않았냐고 묻자 그 학생은 반항적인 표정으로 '귀찮아서요'라고 대답했다. 너무 어이가 없어서 종이를 주고 지금 이 상황을 그대로 쓰라고 했다. 그 밑에 자신의 의견을 덧붙여 부모님께 확인을 받아오게 했다. 거기서 큰 소리로 이 아이를 혼내봤자 반성할 것 같지도 않았고, 이렇게 수업에 참여하지 않고 담임에게 반항하는 모습을 부모에게 알려야겠다는 생각에서였다.
　하지만 다음 날 가지고 온 학부모의 편지는 정말로 황당했다. 반말로 써진 편지는 우리 아이의 기를 죽이는 교사가 잘못했다는 내용이 가득했다. 우리 아이가 귀찮아서 감상문을 안 쓸 수도 있지 뭘 이런 것 가지고 혼내고 부모의 확인까지 받아야 하냐며 나를 질타했다. 결국 전화 상담으로 이 일을 마무리 지었지만, 가슴 한구석이 푹 꺼지는 느낌이었다.

 그 일로 교사를 못 하겠다거나 일상생활에 지장을 받거나 한 것은 아니다. 오히려 누군가는 '요즘 학교에서 얼마나 큰일들이 벌어지는데 그 정도 일로 스트레스를 받느냐' 하고 말할지도 모르겠다. 하지만 난 그 일에서 큰 무력감을 느꼈다. 교사로서 내가 아무것도 할 수가 없구나 하는 느낌이랄까? 그 후에 그 아이는 사소한 일로 내게 몇 번을 반항했지만, 나는 어떤 훈계도 하지 않았다. 아니, 할 수 없었다는 표현이 더 정확할 것 같다. 학부모에게 신뢰를 받지 못하는 상황에서 그 아이를 가르쳐 보았자 역효과가 날 것이 분명했기 때문이다.

 학생이 일으킨 사건 때문에 방과 후 저녁 시간까지 포기하며 사건 해결을 위해 쫓아다녀 보기도 하고, 교장실로 호출도 당해보고, 동료 선생님이 고소당하는 상황도 보았지만, 그 사건들과 다른 점은 내가 마치 팔다리가 잘린 듯 그 어떤 조치도 행동도 할 수 없었다는 점이다.

 시간이 흐른 뒤 나는 그때의 일을 떠올리면서 내가 평소 그 아이와 좀 더 좋은 관계를 형성했더라면, 그 부모님과 좀 더 많은 상담을 했더라면 상황이 바뀌지 않았을까 하고 상상해본다. 몇 년이 지나 경력이 조금 쌓인 지금도 그 상황으로 돌아간다면, 어떻게 해결을 해야 할지 잘 모르겠다. 자신의 일에서 무력감을 가진다는 것은 정말 슬픈 일이다. 조금 더 교사가 신뢰받고 열정을 가지고 일할 수 있는 환경이 조성되었으면 하는 작은 소망이다.

# BONUS TRACK

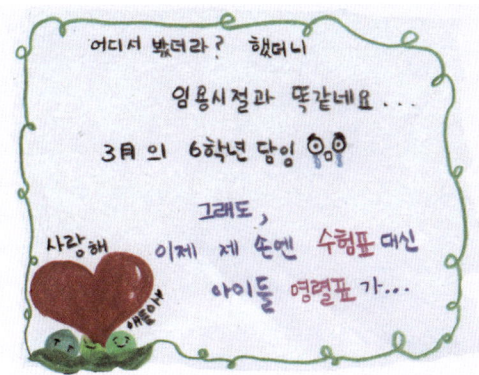

**김다솜_** 대전둔천초등학교 교사. 초등교사는 다방면을 두루 경험하는 것이 중요하다는 신념 아래 열정적으로 다양한 분야를 배우고 익히고 있다. '알콩살콩반'이라는 학급브랜드를 내걸고 콩알이들과 시끌벅적한 학교생활을 하고 있는 콩깍지샘. 웹툰제작, 영상제작, 교실환경구성 칠판부착물 제작 등에 참여했다.

##  운동회에 대한 단상

초등학교 5학년 때 일입니다.

운동회 조립체조 연습을 하던 중 다리가 너무 아파,
아픈 다리를 쉬게 할 요량으로 잠시 짝다리를 짚었습니다.

그 모습을 보신 지휘 선생님께서는
바로 저를 조회대로 부르셨고,

그 크고 두툼한 손으로 제 뺨을 호되게 후려치셨습니다.

맞는 순간 두려운 나머지 살짝 고개를 돌렸는데 선생님의 손은
정확히 제 귀를 강타했고, 찡하는 울림과 함께 고막이 찢어졌습니다.

그날 이후, 한번 상처 입은 고막은 작은 충격에도 쉽게 찢어졌고,
이 상처는 어른이 되어서도 기계음과 고음 듣는 것을 힘들게 하였습니다.

시간이 흘러 전 초등학교 교사가 되었습니다.

그리고...

그때 제게 상처를 줬던 선생님을
이웃 학교 동료 교사로 만나게 되었습니다.

학생 수가 적은 시골 학교가 모여 있는 지역이어서,
주변 학교끼리 연합운동회를 기획하는 자리에서
자연스럽게 만난 것입니다.

물론 선생님께서는 저를 기억 못하셨습니다.

5학년이었던 제가 서른이 되어서 만난 선생님은
기억 속의 모습과 많이 달랐습니다.
기력도 많이 쇠하신 것 같고
몸도 많이 편찮으시다고 제게 얘기하셨습니다.

그 날의 연합운동회는 성황리에 끝났습니다.

그리고 저는 뒤풀이 자리에서 술기운을 빌어
그 날의 기억을 선생님께 말씀드렸습니다.

선생님...
혹시
기억하시나요?

제가 용기를 낼 수 있었던 것은 그 선생님이 저를 극진히 챙겨준 것에
대한 편안함이 있었기 때문입니다.

제 이야기를 들으신 선생님께서는 '미안하다'고 하시면서
뜨거운 눈물을 흘리셨습니다.

어렸을 때는 원망스러웠지만,
교사가 되어 직접 운동회를 치러보니
선생님의 입장이 충분히 이해가 되었습니다.

학교마다 다르겠지만,
운동회는 공식적으로 대외에 학교를 공개하는 행사이며
학교의 교육활동이 이웃 학교와 비교되는 경우가 많습니다.

그리고 교사와 학생은
이 부작용의 가장 큰 피해자가 됩니다.

'운동회'란 뜻처럼, 아이들이 마음 놓고
실컷 참여하여 뛰어놀 수는 없을까요?

저희 학교에서는 개회식 전에 모든 내빈과 학부모가
보는 앞에서 전 교직원이 어깨를 걸고 파이팅을
외치는 시간을 잠시 가졌습니다.

오늘의 운동회를 학생들이 맘껏 뛰어놀 수 있는
즐거운 축제로 만들고자 하는 의지를 보인 것입니다.

보란 듯이 잘 치른 행사보다
엉성하더라도 모든 과정에 학생과 교사의
참여가 들어있는 보잘 것 없는
오늘의 운동회가 백번 낫지 않을까요??

## 운동회에 돌직구를 던져라

얼마 전 부모님 댁에서 식사를 한 후 담소를 나누다 옛 앨범을 펼쳐보았다. 초등학교 시절의 앨범이었는데 몇 학년인지는 정확하지 않지만, 운동회 날의 사진이 있었다. 지금도 얼굴이 까무잡잡한 편이긴 하지만, 사진엔 지금보다 훨씬 더 시커먼 아이가 진지한 표정으로 열심히 곤봉을 돌리고 있었다. 어떤 음악이 나왔는지, 청군이 이겼는지 백군이 이겼는지 전혀 기억은 안 나지만 머리 위로 펄럭거리던 만국기와 교문 앞에서 팔던 아이스크림은 기억에 또렷하다. 점심시간 부모님과 동생과 먹었던 치킨도.

학창시절 나는 워낙 까불거리고 활동적이어서 체육을 참 좋아했는데도, 앞서 말한 것 말고는 운동회에 관한 기억이 그리 유쾌하지 않다. 운동회 한 달 전부터 반복되는 연습과 학년별 단체 경기 연습, 그리고 지긋지긋한 줄 맞추기까지. 아직도 기억에 남는 것이 '앞으로나란히'를 할 때 앞앞 사람 뒤통수가 보이면 안 된다는 선생님의 호령이다. 어떻게 서도 자꾸만 보이는 걸 어쩌라는 건지, 게다가 5분만 서 있어도 너무 지겨워 자세가 흐트러지는데, 그때마다 커다란 몽둥이를 든 선생님이 쫓아오셔서 얼마나 무섭게 혼내시는지 지금 생각해도 겁이 날 정도이다.

교사가 된 이후로 느낀 것이지만, 그때 우리보다는 가르치는 선생님이 더 힘들지 않았을까 생각한다. 외부 인사들은 구령대 위 내빈석에 앉아 줄줄이 축사를 하고 학생들의 경기와 공연을 '관람'하는데, 행여나 프로그램이 어설프거나 학생들이 실수를 해서 공연을 망칠까 봐 선생님 입장에서는 매우 부담을 느꼈을 것이다. 그 부담이 자연스럽게 학생들의 부담으로 이어지고 시간이 흘러 나에게는 유쾌하지 않은 기억으로 남게 되었을 것이다.

행사전문 외부업체를 불러서 실시한 우리 학교 운동회를 처음 접했을 때는 꽤나 신선한 충격이었다. '아이들이 기억할 운동회는 나와는 참 다르겠구나' 하는 생각이 들었다. 교사들이 아닌 외부 강사가 진행한다는 점이 조금 마음에 걸렸지만, 학교에서는 진행하기 어려운 다양한 활동을 진행하는 모습을 보니 비판만 할 수는 없겠구나 하는 생각이 들었다. 훈화 말씀이나 내빈 인사, 학년별 단체 무용이 빠진 자리를 학생들이 할 수 있는 체육 활동과 게임 활동으로 바꾸니 운동회는 훨씬 즐거워 보였다. 학생들의 표정을 본 사람이라면 누구나 그렇게 느꼈을 것이다.

이 사연을 주신 분은 『교육과정에 돌직구를 던져라』라는 책으로 학교에서 형식적으로 이루어지는 종이 교육과정을 탈피하고 교육과정의 본질에 접근하는 운동을 펼치고 있는 정성식 선생님이다. 교육에 대한 깊은 사유와 따뜻한 감성, 삶에 대한 유쾌한 태도를 정성식 선생님께 많이 배운다. 우리 학교는 운동회라는 명칭 대신 축제라는 명칭을 사용한다. 행사보다는 학생들과 학부모, 교직원들이 신나게 즐길 수 있는 하루를 보내라는 뜻에서 축제일 것이다. 이 사연의 주인공인 정성식 선생님의 항로도 언제나 축제 같은 나날이었으면 좋겠다.

# BONUS TRACK

 **오토리_** 한국교원대학교 초등교육과를 졸업했다. 네이버와 다음의 도전만화 코너에 초등학교 교사의 생활을 다룬 '교실공략기'를 연재하고 있다. 경기도 일대에서 남편과 고양이 다섯 마리를 데리고 서식 중이다.('오토리'는 캐릭터로 존재하기 위해서 익명을 유지하고 있습니다.)

# 18 부부교사 이야기 1 – 부부교사의 장점

저는 2013년 3월 결혼을 했습니다.

청첩장도 직접 만들었어요.

같은 학교에서 만난 배쌤과 약 1년간의
연애 끝에 결혼했습니다.

결혼한 지 아직 3년도 안 됐지만,
부부교사의 삶에 관해서 얘기해보고 싶어요.

## 장점1

부부교사의 가장 큰 장점은 무엇보다 수업, 학급경영 등 서로에게 도움을 많이 줄 수 있다는 것입니다.

'엄마, 아빠' 부분을 빼고
채워 넣을 수 있는 칸 삽입해서 완성

짠, , ,안

제가 틀을 만들고 배쌤이 완성한 학교신문입니다.

## 장점 2

저나 배쌤이나, 아마 전국 모든 선생님을 포함해
이맘때쯤 목빠지게 기다리는 이벤트가 있죠?

맞습니다. 방학입니다.

물론 연수 등으로 방학 때도 바쁜 경우가 많지만,
부부교사는 방학을 최대한 잘 활용할 수 있습니다.

하지만,

### 개학 -30日

우리 방학 동안 뭐할까??!

### 개학 -15日

음...?! 아무것도 안 했는데 시간이...

### 개학 -1日

개학이 가까워질수록 부부싸움을 하지 않도록 조심!

## 장점 3

부부교사는 같은 직종에 근무하기 때문에
서로의 고충을 잘 이해해줄 수 있습니다. (물론 개인차가 있겠지요.)

# BONUS TRACK

 **박경인**_ 충북 만승초등학교 교사. '유쾌하지만 결코 가볍지 않은 감성'이란 모토로 영상제작 블로그 'Park Pictures'를 운영하고 있다. 모션그래픽에 관심이 많으며 현장에서 필요로 하고 공유할 수 있는 콘텐츠 제작을 위해 노력하고 있다.

# 19 부부교사 이야기 2 – 부부교사의 단점

이번에는 부부교사의 단점에
대해 알아보겠습니다.

# 단점 1

학교 동학년 모임에서

그날 저녁, 집에서

학교생활과 가정생활이
떼려야 뗄 수가 없게 됩니다.

## 단점 2

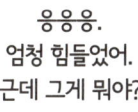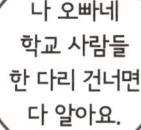

서로의 직장생활에 대해 모르는 게 없습니다.
인간관계도 한 다리 건너면 전부 연결.

# 아내

아내를 처음 만난 건 2011년 9월, 당시 근무하던 학교 교직원회의에서였다. 그해 3월자 전출을 낸 선생님들이 갑작스레 9월 전출로 미뤄져 졸지에 우리 학교는 7명이나 자리가 비는 상황이었다. 이 자리는 고스란히 그해 신규 선생님들의 발령으로 채워졌는데 그 7명 중 한 명이 바로 지금의 아내였다. 그녀를 처음 보는 순간 '저 선생님이 동 학년으로 오면 좋겠다'고 생각했는데 정말 거짓말같이 우리 학년으로 왔다. 당시 경력 3년 정도의 과학정보부장이었던 나는 부장교사라는 명분으로 아내에게 접근했다. 실제로 대화도 해보고 같이 생활해보니 외모뿐만 아니라 성격이나 취미까지 딱 내 이상형으로, 사귀기도 전에 이 사람과 결혼하고 싶다는 생각을 가졌다. 결국 한 달에 걸친 애정공세 끝에 그녀는 흔쾌히 내 손을 잡아주었고 핑크빛 미래만이 나와 함께할 줄 알았다.

연애 중 나는 아내에게 세 번 차였다. 단순히 사랑 싸움으로 '우리 헤어져!'라고 투정부리는 정도가 아니라 카페에 앉아 단호한 목소리로 내게 이별을 고하는 그녀의 모습을 무려 세 번이나 봐야 했다. 이별의 이유가 지금은 정확히 기억나지 않지만, 가장 큰 이유는 아마 결혼에 대한 부담감이 아니었을까 싶다. 당시 여자 친구였던 그녀의 나이는 24살, 이제 막 사회로 나온 신규 교사에게 사귀는 내내 결혼하자고 졸라댔으니 부담을 가질 만도 했다. 게다가 그때의 나는 '여자'를 어떻게 배려해야 하는지 모르는 바보여서 사소한 일로 그녀를 자주 화나게 했다.

  이유가 어찌 되었건 차인 날은 첫 번째 두 번째 세 번째 할 것 없이 죽을 만큼 아팠다. 친구들을 붙잡고 술을 엄청 마시기도 하고 부모님이 다 계시는 집에서 아이처럼 큰 소리로 엉엉 울기도 했다. 하지만 나는 끈기 하나는 엄청난 사람이라 다음날 퉁퉁 부은 눈으로 씩하고 웃으며 다시 들이댔다. 지금은 이렇게 날 아프게 하지만 같이 살면 내 평생이 행복할 것 같다는 막연한 느낌 때문이었다. 우여곡절 끝에 사귄 지 1년이 넘어가던 어느 날, 양가 부모님의 허락을 받기도 전에 그녀에게 프러포즈했다. 허락을 받기 위해 반지를 건네는 손이 어찌나 벌벌 떨리던지. 웃으며 반지를 받아준 그녀의 모습에 눈물을 보일 정도였으니 말이다.

  결혼한 이후에는 아내에게는 참 미안한 마음뿐이다. 결혼생활 내내 산처럼 쌓여 있는 작업량에 허덕이는 모습만 보여준 것 같다. 아내는 26살에 첫 아이를 낳았고 28살에 둘째를 낳았다. 한창 예쁠 나이, 이것저것 경험할 나이에 육아에 허덕이게 해서 참 미안하다. 특히 아내가 학교로 복직하면 완전 신규 교사인 상태에서 다시 시작할 생각을 하니 마음이 짠하다.

  이제 두 아이의 엄마·아빠가 된 우리 부부는 여전히 티격태격하면서도 여전히 알콩달콩하다. 누군가는 내게 부부교사여서 단점이 더 많지 않느냐고 말하지만, 나는 부부교사 웹툰을 그릴 수 있는 것 자체가 고맙고 행복하다. 첫째 아들 결이, 이제 곧 태어날 한이야. 행복하게 잘살자. 그리고 우리 예쁜 은해야, 사랑해!

# BONUS TRACK

**정원상**_ 경남 서상초등학교 교사. 진주교육대학교 미술과를 졸업했고 현재는 진주교육대학원 아동문학창작과에서 아동문학을 공부하고 있다. 인디스쿨과 청소년 상담복지개발원에 웹툰을 연재하고 있으며, 참쌤스쿨 1기에 참여하여 교실환경 구성품 및 KBS 장애이해교육자료 〈대한민국 1교시〉 애니메이션 제작에 함께했다.

# 20 ABCD 너를 이해할 수 있어

새 학년 새 학기 첫날입니다. 어떤 친구들을 만나게 될까요.

누가 있을까요... 어디...

야호! 나랑 가장 친한 지현이!

개구쟁이지만, 정말 웃긴 민철이도!

...

엥...? 한상준?!?!

이 이야기는 경기도 정왕초등학교 6학년
P학생의 글을 바탕으로 만들었습니다.

작년 같은 반이었던 상준이는
지적장애가 있습니다.

수업 중에 알아들을 수 없는 말로 중얼거리기도 하고

주변 친구들을 치고도 사과조차 없습니다.

또 수업 중에 침을 흘리기도 하고,
계속 딴짓만 합니다.

그런 상준이와 저는 또 같은 반이 되었고,
그렇게 새 학년이 시작되었습니다.

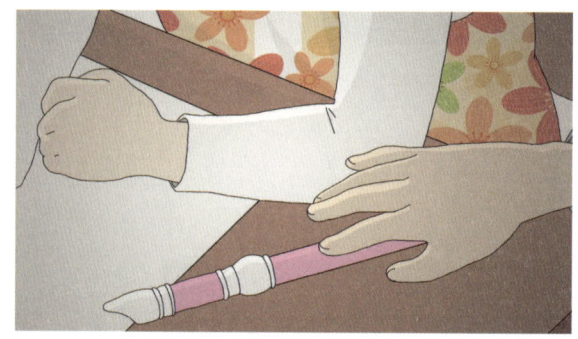

그러던 어느 날 음악 시간,
상준이가 제 리코더에 손을 댔습니다.

저는 화가 난 나머지, 상준이에게 욕을 했습니다.

제게 욕을 들은 상준이는,

제 예상과는 다르게 알아들을 수 없는 욕으로 맞받아쳤습니다.

결국 싸우는 소리에 놀란 선생님께서 달려오셨고,

저는 장애친구와 싸웠으니 엄청 혼날 거라 겁을 먹었습니다.

하지만 선생님께서 저보다 상준이를 먼저 꾸짖으셨고,

무조건 저만 혼내실 거라고 생각했던 터라 놀라웠습니다.

며칠 후, 선생님께서는
매주 만화 그리기를 하자고 하셨습니다.

내용은 간단했습니다.
지적장애가 있는 주인공이 처한 상황을 보고

빈칸을 채워 그리는 방식이었습니다.

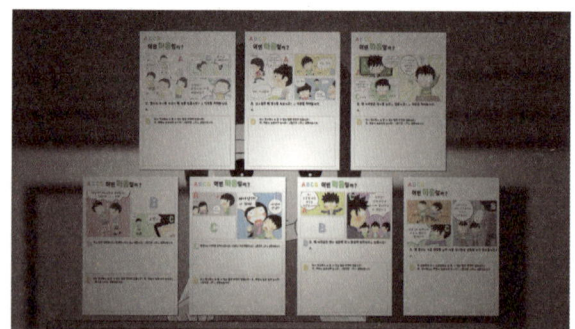

상황은 총 7가지였고, 4컷 만화의 형식이었습니다.

1번 상황은 체육 시간에 일어날 수 있는 오해를

2번 상황은 스스로 잘 씻지 못하는 어려움을

3번 상황은 수업 내용을 잘 이해하지 못하는

4번 상황은 친구들이 시키는 행동을 그대로 따라하는

5번 상황은 좋아하는 친구를 함부로 껴안는

6번 상황은 모둠별 게임에 방해가 되는 모습을

7번 상황은 자기 입장을 잘 설명하지 못하는
모습을 담았습니다.

이 7가지는 경인지역의 통합학급 교사들에게 물어
지적장애 학생이 경험하는 문제 상황을 빈도순으로
정리한 것입니다.

1컷은 A(Antecedent, 선행사건)

2컷은 B(Behavior, 지적장애학생의 행동)

3컷은 C(Consequence, 행동에 따른 후속 결과)

4컷은 D(Decision, 결정)로,
장애학생행동 ABC 분석을 통해 자신의 결심을 그려봅니다.

만화 그리기 활동을 할 때마다 가졌던 토의시간을 통해

우리는 많은 생각의 변화를 갖게 되었습니다.

특히 이해하기 힘들었던 상준이의 행동이 이해가 되었습니다.

그러던 어느 날, 상준이가 학교에 오지 않았습니다.

선생님께서는 상준이가 많이 아프다고 하셨고,
상준이에게 위문편지를 쓰자고 말씀하셨습니다.

예전 같으면 대충 썼겠지만, 그때는 저와 친구들
모두 진심어린 마음으로 상준이에게 편지를 썼습니다.

이주일 뒤, 상준인 수척해졌지만 밝은 모습으로
학교에 왔습니다.

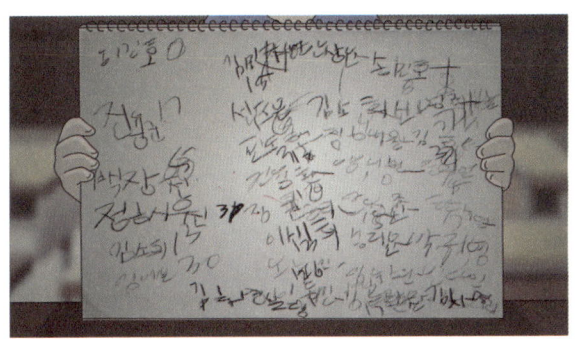

놀라운 건, 상준이가 우리들의 편지를 받고
답장을 썼다는 겁니다!

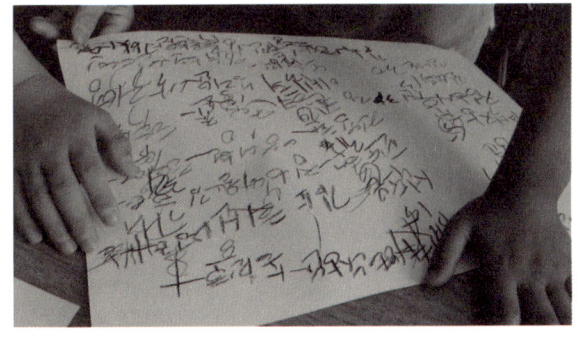

비록 반 친구들의 이름만 적은 답장이었지만,
그 글씨 하나하나를 쓰는 데 얼마나 고생했을지
우리는 알고 있었습니다.

1년이란 시간이 흘러 전 6학년이 되었고
상준이와는 다른 반이 되었지만,

그때 그 편지를 자랑스럽게 들고,
이 세상 누구보다 행복하게 웃던

상준이의 모습은 영원히 잊혀지지 않을 것 같습니다.

### 저는 특수교사입니다

스스로 생각하기에도 난 참 칭찬에 약한 사람이다. 그리고 단순한 사람이다. 아내가 "우리 오빠 최고야"라는 말 한마디 해주면 그날 종일 힘들었어도 나도 모르게 기분이 풀리고, 열심히 만든 교육 자료를 인터넷에 공유했을 때 "감사합니다, 선생님 항상 수고 많으세요"란 말을 들으면 '다음엔 또 어떤 자료를 만들어볼까' 하고 신이 난다. 최근 몸 상태가 정상이 아니었다. 그런데도 학기 초 학교 일에, 비주얼씽킹 원격연수 제작에, 전국 초등학교에 보급되는 장애이해교육자료인 '대한민국 1교시'까지 만드는 데다 틈틈이 책 작업까지 하려니 몸이 남아나지 않았는데, 자료를 공유하고 나서 쏟아지는 칭찬 댓글에 그다음 날도 새벽까지 자료를 만들었다. 아내는 머리를 쥐어박으며 "쉬엄쉬엄해. 이러다 일찍 죽어"라고 잔소리를 했다. 그래도 어찌하랴, 내 성격이 그런 것을.

몸을 어느 정도 추스르고 나니 공개수업 일이 다가오고 있었다. 이번 공개수업은 뭐로 할까 하고 가볍게 생각하고 있는데 부담이 되는 소식이 들렸다. 우리 학교 특수교사 선생님들께서 우리 반 공개수업에 참관하러 오신다는 것이었다. "왜요?"라고 묻자 "특수교육 쪽에서 유명하신 분이잖아요"라는 왕부담 되는 대답이 돌아왔다. 학교에서 참관인원을 배정하지 않는 한 특수교사가 일반교사 수업을 일부러 보러오는 경우는 아마 거의 없을 것이다.

나는 대학원에서 특수교육을 전공했다. 사람들은 내가 미술교육 아니면 컴퓨터교육, (내 덩치를 본 사람들은) 체육교육을 전공했으리라 추측하지만 난 특수교육을 전공했다. 솔직히 말하자면 대학원에 입학하기 전까지 특수교육의 '특' 자도 몰랐고, 관심도 없었다. 특수교육으로 진학한 결정적인 이유는 군 전역 후 대학원을 알아보던 중 학부 때 지도교수님이셨던 K교수님께서 일단 지원해보라고 권유하셨기 때문이다. 이후 특수교육을 공부하면서 장애이해교육을 위한 간단한 애니메이션과 만화를 컴퓨터와 태블릿을 활용해 처음으로 그려봤는데, 생각보다 과한 교수님과 동기들의 칭찬에 자료 만드는 것에 재미가 붙어 지금까지 오게 되었다. 아무 생각 없이 시작한 특수교육이 지금의 '참쌤'을 만들었다고 해도 과언이 아니다.

이번 이야기는 내 석사 논문의 내용을 애니메이션으로 만든 것으로 제5회 전국장애이해 UCC 공모전에서 대상을 받게 해준 작품이다. 인간행동의 ABC 모형에 'D(결심)'를 더하고 이를 만화의 4컷 구조에 적용한 장애이해교육자료인데, 2014년에는 '대한민국 1교시' 공식 교육 자료로도 사용되었다. 그동안의 장애이해교육은 휠체어를 타보거나 안대를 하고 걸어보는 등, 장애체험을 중심으로 이루어지는 경우가 많았다. 하지만 실제로 교실에 통합된 장애학생 중 가장 높은 비율을 차지하는 학생들은 정신지체(지적장애)학생들로, 이들을 중심으로 나만의 교육 자료를 만든 것이다. 이 ABCD 만화 그리기 활동은 나 혼자만의 생각이 아니라 대학원 동기였던 J선생님이 뼈대를 잡아주었기 때문에 가능했다. 졸업 후 연락을 하지는 않지만, ABCD 만화 그리기 활동을 할 때마다 J선생님에게 고마운 마음을 전하고 싶다.

# BONUS TRACK

**송혜경_** 고양 서정초등학교 교사. 혁신학교인 서정초등학교에 첫 발령을 받아 주제 중심 교육과정 재구성을 하면서 주제망을 그린 것을 계기로 그림에 흥미를 갖기 시작했다. PPT 제작, 비주얼씽킹 등을 다방면에 활용하여 학생들과 함께 그림으로 소통하고자 노력한다. 참쌤스쿨 1기, 좋은씨앗반 송쌤, 마스코트는 새싹이.

# 21 스티커와의 전쟁

새 학기 맞이 교실 이사 날.
오늘 나는 전투를 시작하려 한다.

대한민국 초등교사라면 누구도 피할 수 없는

교실 곳곳에 도사리고 있는 '스티커'와의 전쟁

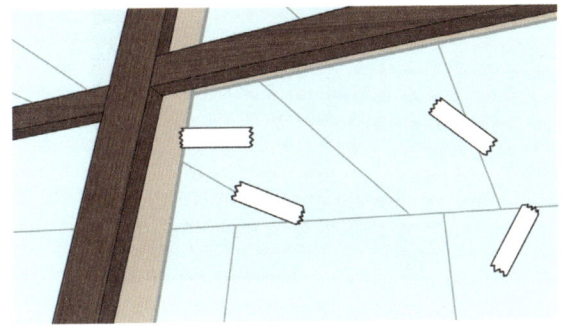

**난이도 1단계**
유리창에 붙은 유리테이프. 손톱으로도 가능하다.

**난이도 2단계**
사물함 신발장에 붙은 유리테이프. 이 정도 쯤이야.

**난이도 3단계**
사물함이나 신발장에 붙은 양면테이프. 손톱이 부러질 것 같아.

### 난이도 4단계
사물함 신발장에 붙은 라벨지.
떨어지지 말라고 꾹꾹 눌러 붙인 게 후회된다.

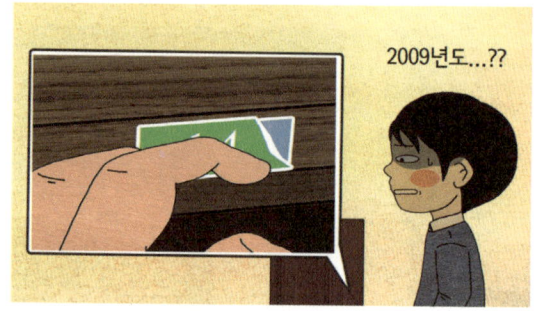

오래된 것일수록 잘 안 떨어진다.
놀라운 건 화석 캐듯이 이름표 밑에 또 이름표가 나온다.

계속 캐다 보면 석유가 나올지도 모른다.

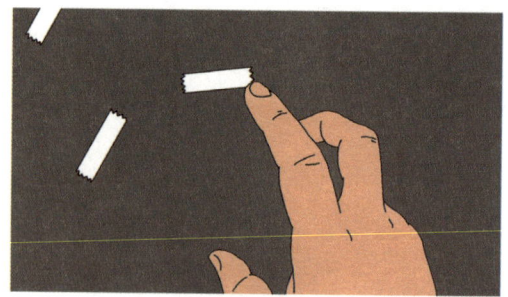

### 난이도 5단계
칠판에 유리테이프. 짜증이 밀려온다.
올해는 반드시 사비를 털어서라도 자석을 사리라 결심한다.

나를 기다리는 대망의 마지막 6단계

바로 칠판에 양면테이프!!
스티커 제거 스프레이도 별 도움이 안 된다.

힘 조절에 실패하여 녹색 부분(?)까지 긁어버리면...OMG

내가 사용한 교실을 청소하는 거라면 상관없지만,
올해 사용할 교실 청소를 하면서 1~6단계를 거치면,

작년 이 교실을 사용한 선생님이 떠오르게 된다.
계속 계속 계속 계속 계속 계속 계속 계속 계속

# 아름다운 사람은 떠난 자리도 아름답습니다

이 에피소드는 경기도에 근무하시는 정주혜 선생님의 사연을 바탕으로 했다. 학창시절, 종업식을 하고 나면 이제 한 살 더 먹어 학년이 올라간다는 기대감과 함께 '올해는 또 어떤 친구들과 선생님을 만나게 될까' 하는 설렘에 가득 찼었다. 딱 하나 귀찮은 점이 있다면, 바로 일 년 동안 썼던 사물함을 비우는 일이었다. 조그마한 사물함에 뭘 그렇게 많이 집어넣었는지 교과서부터 시작해서 각종 색칠 도구, 구겨진 학습지, 쓰다 만 휴지 등이 가득했다. 미리미리 조금씩 짐을 나눠서 가지고 갔으면 좋았을 것을 왜 항상 짐을 빼야 하는 당일에만 생각이 나는지. 종업식이 끝나고 집에 갈 때는 항상 가방이 빵빵했다. 그렇게 짐을 챙겨오다 꼭 한두 개씩은 빼먹거나 잃어버려 엄마에게 혼났던 일도 기억이 난다.

그러나 교사가 되고 보니 사물함 한 칸 정리하던 일이 이토록 부러워질 줄이야. 사물함 짐빼기와는 비교도 안 되는 교실 이사가 학년 말마다 나를 기다리고 있었다. 그동안 학교도 한번 옮기고 올해로 벌써 5번째 교실 이사이지만, 여전히 부담스럽다. 나는 짐이 많은 것 자체를 좋아하지 않아 쓰지 않는 물건이 있으면 바로바로 버리고 정리도 자주 하는 편인데도 학기 말이면 짐의 양이 만만치 않다. 하지만 필요한 물건은 가지고 가야 하기 때문에 학년 말 연구실에 새 교과서를 나눠주고 남은 상자를 여러 개 모아 두었다가 용도 대로 짐을 싸는 요령까지 생겼다.
　그러나 이보다 더 큰 두 번의 전투(!)가 남아 있다. 두 학기 동안 서른 명 넘는 사람이 사용한 공간이니 여기저기 낡고 먼지가 쌓이는 것은 어쩔 수 없다. 하지만 '우리 서로의 배려가 필요하지 않을까요!'라고 말하고 싶은 부분이 바로 스티커 제거와 남은 물품 정리다. 나는 손톱이 매우 짧은 편이라 바닥에 떨어진 동전조차 줍기 힘든데, 교실 여기저기에 붙은 스티커와 각종 테이프를 떼고 있자면 손톱이 정말 없어지는 느낌이다.
　두 번째 전투는 항상 있는 일은 아니고 어쩌다가 발생하는 일로 전년도 선생님께서 남은 물품을 (아주) 많이 두고 가셨을 때이다. 학교를 아예 옮기시기 때문이라고 이해는 되지만, 막상 치우는 나는 일주일 내내 정말 고생했다. 처음 그 교실에 내 짐을 가지고 도착했을 때는 '아직 하나도 안 치우셨구나'라고 생각했을 정도였다. 재활용 쓰레기도 그대로 있고 교탁 서랍은 어느 하나 빈 것 없이 꽉꽉 채워져 있었다. 반나절을 기다렸는데도 오시지 않기에 전화를 했더니 "선생님 신규시니까 짐 없으실까 봐 제가 쓰실만한 것 두고 왔어요~ 쓰세요"라고 말씀하시는데 나도 모르게 "필요 없어요"라고 말할 뻔했다. 그 선생님에게는 필요할지 몰라도 부러진 가위나 말라버린 풀, 낱장으로 돌아다니는 색종이, 바뀐 작년 지도서 등등 쓸 만한 물품은 정말 별로 없었다. 결국 당시 여자 친구였던 아내를 출동시켜 며칠 동안 간신히 교실 정리를 끝냈다. '교실을 꼭 깨끗하게 사용하고 가자'라는 교훈에 내게 준 그 선생님을 회상하며 화장실에 붙어있는 문구로 마무리하고 싶다.
　'아름다운 사람은 떠난 자리도 아름답습니다.'

# BONUS TRACK

 **하선영_** 평택도곡초등학교 교사. "공자께서 이르시길, 세 사람이 길을 가면 반드시 나의 스승이 있으리니 그중에서 옳은 것을 가려 따르고 그중의 옳지 못한 것을 가려내 잘못을 고쳐야 한다"를 마음속에 새기며 살아가는 대한민국의 흔한 교사. 오늘 하루도 겨우 견디지만, 더 넓고 다양하게 느끼고 경험하려는 부지런한 하루살이.

## 22. 우리는 왜 힘든가

겉으로는 안정적인 공무원,
'철밥통' 소리를 듣는 우리,
도대체 우리는 왜 힘들까요?

#1 사람을 대하는 일, 많은 에너지 소모

언제나 느끼는 것이지만, 사람을 대하는 일은
에너지 소모가 엄청난 것 같습니다.

정신적인 에너지를 늘 쭉쭉 내쏟으며 하루를 보내고 나면,
몸과 마음이 지칩니다.

교직은 다른 일보다 시간을 들여야만 하는 일이라
에너지 소모가 더 큰 것 같다는 생각도 듭니다.

또 다른 직장과는 다르게,
투입되는 노력에 비해 산출물이 피부로 와 닿지 않고,
변화를 기다리는 데 엄청나게 오랜 시간을 필요로 하기 때문에
쉽게 무력감을 느낍니다.

#2 열정과 실력에 대한 보상의 결여

열정과 실력이 있으면 회사와 기업에서는
인정받고 승진도 빨리합니다.

하지만 학교에는 그런 것이 없습니다.
자기 스스로 아이들 지도에,
아이들의 성장에 만족하지 못하면,
교사들은 얻을 수 있는 것이 아무것도 없습니다.

그래서 승진에 몰두하게 되는 것이 아닌가 싶습니다.
무언가로나마 더 나은 교사임을 인정받기 위한 하나의 통로로 말입니다.
하지만 때때로 부작용이 나타나기도 합니다.

아이들을 지도하며 흔히 '보람'이라 부르는
내적 보상도 매번 얻을 수 있는 것은 아닙니다.
간혹 어느 해에는 일 년 내내 아이들 때문에,
동료 교사들 때문에, 관리자들 때문에...
매일매일이 힘겹고 무겁기만 합니다.

그렇다고 사회적으로 인정받는 직종도 아닙니다.
우린 마치 사회에 무언가 증명해내야 하는 존재처럼
보여지는 것 같습니다.

#3 제약이 많은 직종, 제한된 권한

교사만큼 제약이 많은 직업도 없을 것입니다.

공무원으로서의 정치적, 사회적 신분제약과
교장, 교감 선생님이 개인의 교육관까지
좌지우지할 수 있는 학교라는 구조에서

무엇을 해보고 싶어도 권한이 없어, 그야말로 아무것도
시도하지 않게 되는 무기력한 교사가 되어갑니다.

이젠 학생인권이 교권보다 앞서는 시대,
학부모님에게 눈치 보며 얻어맞는 시대가 되었습니다.
우린 기댈 곳이 없습니다.

#4 성과주의에 젖은 학교

사회가 온통 성과에 목을 맵니다.
특히 공무원 사회가 더 그런 분위기입니다.

선생님들이 왜 해야 하는지 모르겠다는대요...

학교는 상식적으로 성과를 매기기가 어려운 곳입니다.
아이들을 가르치는 교직은 '성과'라는 말로
평가받을 수 있는 것이 없습니다.

교사의 성과란 아이들이 건강하고 올바른 사람으로 자라주면 그만인데, 여기에 성과를 매긴다는 것 자체가 웃긴 일인 겁니다. 모든 아이가 1등이 될 수 있는 것도 아니고요.

이러한 성과 아닌 성과가 교사들의 승진에도 반영됩니다. 물론 아닌 경우가 많겠지만, 아이들 덕분에 혹은 아이들을 이용하여 성과를 쌓는 경우가 많습니다.

학교가 이런 흐름이니 여기에 반하고
나름대로 주관을 갖고 아이들을 지도하고자 하는 교사들은
마치 물살을 거스르는 연어처럼 힘들 수밖에 없습니다.

이미 교사들은 가르치는 일이 주 업무가 아닌 것처럼
지낸지 오래입니다. 각종 형식적인 잡무로 가득 차
교사들은 가르치는 일에 집중하지 못하고,
그 피해는 고스란히 학생들이 받게 됩니다.

#5 그 외

표준이 없는 직업.

솔직히 뭐가 '잘하는' 교사이고,
뭐가 '잘 못하는' 교사인지 모르겠습니다.

병을 잘 고치는 의사가 '잘하는 의사'이듯이 학생들을
잘 가르치는 교사가 되면 될까요?
잘 가르친다는 것이 무엇일까요?
무작정 학생들 성적만 올리면 되는 걸까요?

이런 것만 해도 힘든데, 수직적이고 폐쇄적인 학교에서
동료, 교감, 교장 선생님과의 관계가 쓰잘데기 없이 괴롭힐 때가 많습니다.
이 마이너스 감정을 하루종일 함께 있어야 하는 아이들에게
전달하지 않기 위해 엄청난 노력을 해야 합니다.

맞습니다.

지금까지 한 이야기가 배부른 소리일 수 있습니다.

하지만 이번 화의 주제를
'우리는 무엇이 힘든가'가 아니라,
'우리는 왜 힘든가'로 정했는지 다시 한 번 생각해봅니다.

공교육을 책임지고 있는 우리를 힘들게 하는 이유는,
교육의 본질과는 관계없는 경우가 대부분이니까요.

## 교사가 힘든 이유

이 에피소드는 전국 최대의 초등교사 커뮤니티인 인디스쿨에 겨울꽃 선생님이 올리신 글을 바탕으로 만들었다. 커뮤니티 선생님들의 엄청난 추천을 받은 글이었다. 그 글을 읽고 웹툰을 그리기까지 고민이 많았지만, '교사동감'이란 타이틀을 건 웹툰에서 한 번쯤은 꼭 다뤄야 할 주제라고 생각해 그리게 되었다.

만화로 올리니 참 다양한 반응이 쏟아졌다. 공감된다, 위로가 된다는 댓글에서부터 그래도 여전히 교사는 편한 '직업'이고 대우도 좋으면서 이런 불평을 한다는 비꼬는 댓글까지. 그중 기억에 남는 한 선생님의 댓글이 있었다.

"그동안 만든 걸 압축해서 보여주셨네요. 교사가 아닌 다른 사람들이 들으면 칼 맞을 제목까지 다시고… 제가 볼 때 교사는 절대 힘든 직업이 아닙니다. 저의 교육적 소신을 버린다면 한국 사회에서 제일 편한 직업이지요. 칼퇴근에 방학, 정년보장. 여러분의 학교에도 많지요? 그런 교사들, 개인의 안위만 생각하는… 소신을 내려놓으세요. 이런 넋두리 주제도 좋지만 진정 교사라면 '학생은 왜 힘든 직업인가?'라는 게 더욱 생각해볼 문제이지 않을까요. 대한민국은 학생이 행복하지 않은 학교가 너무 많습니다. 학생 행복도 세계 최하위, 학생 자살률 1위 등등. 이런 주제를 아고라 같은 포털에 올려서 같이 생각해봤으면 합니다."

위 댓글에 원글을 썼던 선생님이 다음과 같은 답을 했다.

"선생님, 교사는 절대 힘든 직업이 아니에요. 적어도 어떤 분들에게는요. 그런데요, 누군가에게 교사는 정말 힘든 직업입니다. 그건 교사로서 어떤 마인드를 가지고 사느냐의 문제이지요. 선생님 말씀대로 칼퇴근에 방학, 정년보장, 이런 조건이 집중된 사람이라면 혹은 그것에 초점을 맞춘 선생님들에게는 당연히 교사는 표면적으로 가장 편한 직업이겠지요. 하지만 정말 아이들을 위해 일하고 애정을 쏟고 살아가는 선생님들에게는 교직만큼 어려운 일이 있을까요? 저는 '학생이 왜 힘든가?'라는 질문과 '교사가 왜 힘든가?'라는 질문은 같은 뿌리에서 파생되어 서로 연장선상에 있다고 봅니다. 학생과 교사가 모두 행복할 수 있는 학교를 위해 우리가 고치고 버려야 할 것이 참 많은데, 그 둘은 서로 교집합인 경우가 많지 않을까요?"

누구의 말이 맞는지는 각자 판단할 일이지만, 어떤 이유이든 교사가 힘들어지면 열정과 의욕이 감퇴되고, 열정과 의욕이 감퇴되면 그 모든 결과는 교사 자신과 아이들에게 돌아간다. 메마르고 푸석한 모래에서는 새싹이 제 뿌리를 내리고 제대로 자랄 수 없다. 그처럼 교사가 행복하지 않은 학교에서 학생은 행복할 수 있을까? 교사가 가진 직업적 장점 때문에 '교육'의 본질이 아닌 다른 문제들이 교사를 힘들게 하는 것은 참고 눈감아야 하는 걸까? 끊임없이 흔들리는 교사, 우리는 왜 힘들까?

# BONUS TRACK

**오토리_** 한국교원대학교 초등교육과를 졸업했다. 네이버와 다음의 도전만화 코너에 초등학교 교사의 생활을 다룬 「교실공략기」를 연재하고 있다. 경기도 일대에서 남편과 고양이 다섯 마리를 데리고 서식 중이다.('오토리'는 캐릭터로 존재하기 위해서 익명을 유지하고 있습니다.)

**송정섭**_ 춘천 호반초등학교 교사. 콘텐츠에 관심이 많아 그림, 영상 등을 취미로 만들다가 좋은 기회로 참쌤스쿨 1기 활동을 하게 되었다. 직접 만든 콘텐츠로 아이들과 소통하기를 원하며, 새롭고 공감 가는 아이디어로 마음을 울리는 콘텐츠를 만들어나가고 싶다.

## 23  교사들의 아이러니

#1. 체육대회(축제) 준비는 철저히, 하지만 수업결손없게

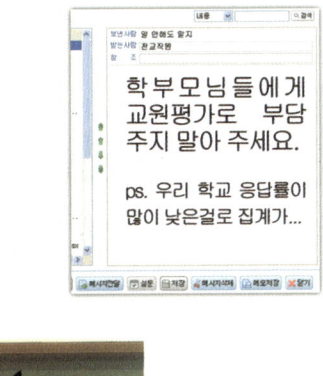

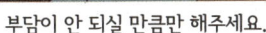

#2. 교원평가시 학부모를 독려할 것, 하지만 부담주지 말것

#4. 전기절약을 위해 쿨비즈, 단 복장은 단정하게

#5. 학생들은 창의적이고 자율적으로, 교사는…?

옆반 선생님 교실

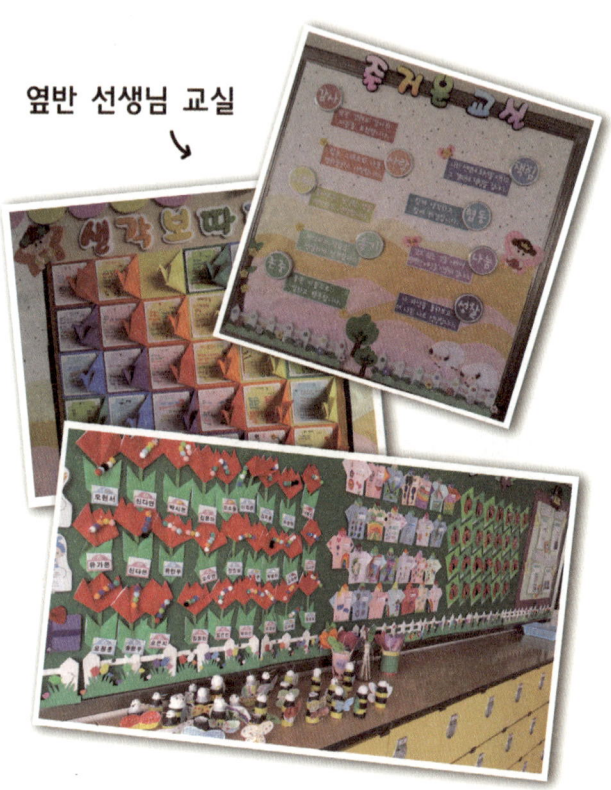

출처 : 경기도 용인 양지초 어느 교실 / 인디스쿨

#6. 학급환경은 부담 안되게 옆 반 만큼만

학급자의 적극적 참여를!

애들 하나 못 잡고

#7. 수업시간은 즐겁고 활기차게, 단 정숙하면서

#8. 교사는 평생 아이들을 가르치는 사람, 하지만...

# 이중구속

아이가 태어나기만 하면 저절로 부모가 되는 줄 알았다. 하지만 막상 부모가 되고 보니 육아는 참 어려운 점도 많고 '내가 지금 아이를 잘 키우고 있는 건가' 하는 의문이 시도 때도 없이 들었다. 그러다 보니 자연스레 육아서적들을 읽게 되었는데 좋은 부모란 이렇게 해야 한다는 것도 많이 있지만, 아이에게 이렇게 해서는 안 된다는 구절도 많다. 많은 아이를 만나고 함께 생활하는 교사이다 보니 책을 읽으며 '이런 태도는 고쳐야겠구나' 하고 반성하게 되는 경우도 많았는데, 그중 기억에 남는 한 가지가 바로 이중구속(double bind)이다.

이중구속이란 상반되는 요구를 동시에 포함하고 있어 상대방이 이러지도 저러지도 못하게 이중으로 구속하는 상황을 말한다. 예를 들어 아이에게 "공부를 잘하는 것보다 네가 건강한 것이 중요해"라고 말하면서 아이가 운동을 하고 있으면 화를 내거나 불쾌한 표정이나 몸짓을 드러내 아이에게 죄책감을 심어주는 것으로 이 경우 아이는 이중으로 구속된 상태가 되어 아무것도 할 수 없게 된다.

군에 있을 때 이와 비슷한 경험을 한 적이 있다. 당시 상급자와 하급자 간의 '활발한 소통'이 주요 이슈였는데, 상급부대인 사단에서 계속해서 소통과 관련된 교육 자료를 내려보내던 참이었다. 때문에 매일 아침

간부회의 시간에 우리 지휘관님은 활발한 소통을 강조하면서 하고 싶은 말이나 의견이 있으면 소신 있게 말하라고 늘 강조했다. 아이러니한 건 하급자가 소신 있게 다른 의견을 제시하면, 다른 간부들이 그 자리에 있기 민망할 정도로 의견을 낸 사람을 혼내는 경우가 많았다. 틈날 때마다 지휘관님은 간부들에게 자신감 있게 자신의 의견을 피력하라고 했지만, 혼날 것이 두려워 다들 회의자료만 만지작거렸다. '활발한 소통' 교육자료를 내려보낸 사단장님도 다르지 않았다. 우리 부대 현장지도를 나오면서 사단장님의 생각과 다른 의견을 소신 있게 피력하는 우리 지휘관을 부하들이 보는 앞에서 면박을 주었다.

몇 년이 지난 지금 생각하니 씁쓸한 웃음이 나온다. 물론 군대의 독특한 문화 때문이었겠지만, 어쨌든 나는 그 이후로 아이러니한 상황이 벌어지면 눈치를 보며 속된 말로 '중간'만 가려고 노력한다.

이번 에피소드는 페이스북에서 선생님들끼리 댓글로 교사의 아이러니한 상황을 주거니 받거니 했던 내용을 그려본 것인데, '좋아요' 2100여 개, 댓글 200여 개, 공유 310여 개 등 그동안 연재한 것 중에서 최고의 조회 수와 공감을 이끌어냈다.

사실 학교에 있다 보면 아이러니한 상황을 계속해서 만나게 된다. 그리고 그러한 경험은 쌓이고 쌓여, 튀는 것보단 조용히 웅크리고 있어야 할 때도 있다는 것을, 상황마다 그에 맞는 임기응변이 필요하다는 것을 터득하게 한다. 선생님들의 그런 입장을 잘 대변해주어 이렇게 많은 공감을 이끌어내지 않았나 생각하며, 댓글 중 가장 인상 깊었던 문구로 글을 마무리하려고 한다.

"교사는 소신 있게 당당해지는 순간, 눈칫밥 백 그릇은 먹어야 한다."

# BONUS TRACK

윤예림_ 인천 간재울초등학교 교사. 역사에 대한 관심을 토대로 고학년 사회교과의 역사 만화 및 보드게임을 제작했다. 이를 '인디스쿨'에 공유한 것을 계기로 참쌤스쿨 1기 멤버로 선정되었다. 여러 웹툰에 참여했고 교실환경물품 제작 등 다양한 활동을 하고 있다.

## 교실 연애학 – 연애와 교실의 공통점

# #1

연애 초반에는 이것저것 이벤트도 많이 하고
설렘에 이런저런 계획도 많이 하지만

시간이 갈수록 편한 마음에 하던 대로

새 학년 시작하면 이것저것 시도해보지만

시간이 갈수록 편한 마음에 하던 대로

#2

다른 사람 연애 상담은 기가 막히게 해주지만

정작 내 연애는 못함

다른 선생님 상담은 기가 막히게 해주지만

정작 우리 반은 아비규환

#3

잘해주면 잘해줄수록 그다음이 문제다.

못해주다가 조금씩 잘해주는 게 더 효과적

연애 잘하는 법은 수없이 많지만

나는 여전히 솔로이고

수업 잘하는 법도 수없이 많지만

여전히 우리 반은 아비규환

# #5

한 가지 확실한 건,

사랑하는 사람이든

우리 반 학생이든

더 사랑한 쪽이
헤어졌을 때 더 후회한다는 점이다.

# 궁합

학군단 선배로서 불굴의 카리스마를 보여줬던 K선배는 학교생활과 연애를 연결 지어 생각할 수 있을 만큼 연애박사이며 자칭 젠틀한 훈남 신랑감으로 예전부터 결혼하고 싶다고 노래를 불렀지만, 2015년 현재까지 아직 그 바람은 성사되지 않았다(K선배 파이팅!). 어쨌든 이번 화는 K선배가 준 아이디어를 바탕으로 교실과 연애의 공통점을 그렸는데, 그리는 내내 어찌나 공감이 되던지 연애할 때 기억과 더불어 연애하듯 학교에 다녔던 기억이 새록새록 떠올랐다.

사람과 사람 사이에 '궁합'이라는 것이 있는 것처럼 학생과의 관계도 '궁합'이 있는 것 같다. '이 아이들과는 정말 궁합이 잘 맞는구나'라고 느꼈던 해가 두 해 정도 있었는데 그때는 방학하는 것이 아쉬울 정도였다. 방학 기간에는 매일 아이들을 볼 수 없기 때문이었다. 그 두 해 동안은 교실 안팎으로 큰 사고 한 번 없었고 수업 시간에도 크게 뒤처지는 아이 없이 잘 따라와 다양한 활동을 시도해볼 수 있었다.

하지만 단순히 아이들이 사고를 치지 않거나 똑똑해서 궁합이 잘 맞는다고 느끼는 것은 아니다. 그때의 우리는 내가 '아' 하면 학생들이 '어' 해주는, 손발이 잘 맞는 그런 관계였다. 남녀 관계도 그렇듯 뭔가 콕 집어 '이런 점이 좋았어'라고 말하기는 힘들지만, 그냥 그 아이들이 좋았고 매사 잘 맞았다. 그래서 토요일뿐만 아니라 방학 중에도 종종 만났고 교육용 SNS인 클래스팅도 항상 접속해 수다를 떨 만큼 아이들과 활발하게 소통했다. 덕분에 당시 여자 친구인 아내는 도대체 누구와 연애를 하는 거냐고 질투 아닌 질투를 할 정도였으니 말이다.

하지만 담임을 연임하지는 않았다. 학년 말이 되자 애교 많은 아이 몇몇이 내년에도 꼭 담임선생님을 맡아달라며 부탁했지만 일부러 맡지 않았다. 연애에도 기승전결이 있듯 이 친구들과 한번 끝낸 연애를 다시 시작하는 것은 힘들 것 같았기 때문이다. 또 너무 잘 맞았던 것만큼 이 아이들이 다른 반 아이들과 새로운 반을 구성해 나를 만났을 때 그 반에 쉽게 융화되지 못하면 어쩌지 하는 우려도 내심 깔려 있었다. 종업식 날, 엉엉 우는 아이들을 위로해주면서 일 년 동안의 연애를 마쳤다.

매년 새로운 반을 맞이하면서 이렇게 궁합이 잘 맞는 반을 맡았으면 하고 바라지만, 항상 그럴 수는 없다는 것을 잘 안다. 어쩌다 잘 맞지 않는 반을 만나 고생할 때면 나는 전에 근무했던 학교의 L교장 선생님의 말씀을 떠올린다. 당시 근무한 학교에 총각 선생님이 많았는데, 교장 선생님께서 본인의 연애담을 말씀해주시면서 상대방을 바꾸려하기 보다는 본인이 상대방에게 맞추는 자세가 중요하다며 자주 해주신 말씀이다.

"상대방이 51점만 되면 그냥 결혼해! 다 맞춰갈 수 있어!"

# BONUS TRACK

나는 맨날 화내고 싸우고 불평불만 가득해도

나는 맨날 화내고 혼내고 불평불만 가득해도

다른 사람한테 욕 듣는건 싫다

다른 선생님한테 혼나는건 싫다

**이인지_** 서울 구일초등학교 교사. 어릴 때부터 그래픽 작업을 좋아했고, 디지털교과서 연구학교에 발령받아 교육용 콘텐츠에 특히 더 관심을 갖게 되었다. '교사가 최고의 콘텐츠'라는 생각에 공감해 참쌤스쿨 1기에 참여했다. 교사와 학생들에게 '필요한' 콘텐츠를 만드는 것이 목표.

## 25 초등교사로 산다는 것

오늘도 출근을 한다.

복도를 지나 조금 걸으면

우리 반, 우리 교실이다.

나도, 우리 아이들도 이곳에서 하루의 1/4 이상을 보낸다.

영자신문... 대신 받아쓰기 시험지를 들고
에스프레소... 대신 어제 애들이 남기고 간 급식 우유를 마신다.

아~ 그들이 오는 소리가 들린다.
이 상쾌한 아침의 평화도 끝이군.

대한민국 초등학생.
요 녀석들은 어느 지역, 어느 학교에서든 공통적으로
자주 하는 말과 행동이 있다.


어떤 것들이냐면...

무한 반복의 일상 속에 소소한 행복.
내가 이 직업을 선택한 것을
정말 잘했다고 느끼게 해주네요.

・・・・・・・・・・・・

이 에피소드는 원작이 따로 있습니다. 초등교사 커뮤니티 '인디스쿨'에서
역사만화로 유명한 '까박쌤' 윤예림 선생님이 2015년 스승의 날을 기념하여 만들어
그야말로 초등교사 사이에서 초공감을 일으켰던 웹툰을 제 스타일로 다시 그렸습니다.
초등교사의 이야기인 이 책의 마지막 에피소드에 정말 잘 어울릴 것 같아서
윤예림 선생님에게 허락을 받아 책에 실었습니다.

# 나는 행복한 초등교사다

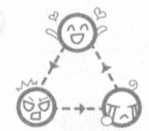

약 3년 전쯤의 일이다. 내가 정말 좋아하는 선배인 L과 저녁 식사를 했을 때였다. L은 아는 친구를 소개해주겠다며 자신의 고교동창인 S를 불렀다. 남자끼리라 자연스럽게 술자리로 이어졌고 이런저런 이야기를 나누기 시작했다. S는 교사가 아닌 소위 '돈을 잘 버는' 전문직이었다. 술자리 내내 자신이 진행하고 있는 프로젝트와 사업에 관해 설명하면서 자기가 얼마나 승승장구하는 중인지 쉴 새 없이 이야기했다.

나와는 아무 상관없지만, 자신의 전문능력으로 자신의 분야에서 잘살고 있으니 박수를 쳐줄 일이었다. 하지만 그 영양가 하나도 없었던 자리가 아직까지 기억에 남는 것은 S가 내뱉은 한마디 때문이었다.

"교사가 왜 무시당하는 줄 알아? 교사보다 고연봉, 고학력인 사람들이 넘쳐나기 때문이고 교사가 하는 일은 다 쪼잔한 일이기 때문이야."

그러면서 L선배에게 혹시 진로를 바꿀 의향이 있는지 물었고, 새롭게 공부를 해서 이쪽 업계로 뛰어든다면 자신의 인맥을 총동원해서 지원해주겠다는 배려 깊은(?) 이야기도 해줬다. 그리고 마지막으로 옮긴 자리에서 들은 S의 말은 나를 더 충격에 빠뜨렸다. 바로 S의 아내가 (고등학교) 교사라는 사실이었다. 가장 가까운 거리에서 교사의 삶을 보고 있으면서도 어떻게 저런 말을 할 수 있는지 혼란스러웠다. 물론 S의 말은 취기에 한 말이었고 나도 가볍게 흘려들을 수도 있었지만, 불편한 마음에 그 이후로 S와 연락하지 않았다.

그 사건 이후로 교사가 하는 일에 대해서 곰곰이 생각해보았다. 초등교사의 업무에는 수업을 제외하고도 출석체크, 각종 조사, 우유 및 급식지도, 알림장 쓰기, 복도통행지도, 부진학생지도, 교실 및 담당 구역 청소 등 매일 반복되는 일과 교실환경 꾸미기, 녹색어머니회 구성, 체력측정, 각종 대회, 현장학습, 체육대회, 학예회 등 교사가 하나하나 꼼꼼하게 챙겨야 하는 일이 상당히 많다. 모르는 사람들에게는 쪼잔해 보일 수 있지만, 아이들의 생활과 학습, 사회생활을 위해서는 교육적으로 반드시 필요한 일들이다. 우리 초등교사들은 이런 일들이 모여 아이들이 민주시민으로 자랄 수 있는 밑거름이 된다는 것을 누구보다 잘 알고 있다.

한국갤럽이 2015년에 실시한 조사에 따르면, 어느 시절 선생님이 가장 그리운지 물은 결과 전체 응답자의 76%가 '스승의 날에 생각나는 선생님이 있다'고 했으며 '초등학교(국민학교) 선생님'이 35%로 가장 높게 나왔다. 아마 학생이 어릴수록 선생님의 역할과 영향력이 더욱 크기 때문에 초등학교 선생님이 가장 기억에 많이 남는 것이 아닐까.

초등교사로 산다는 것. 초등교사처럼 평생을 직급의 이동도 없이 매일 반복되는 삶을 사는 사람도 없을 것이다. 하지만 발전 가능성이 무한한 초등학생들을 가르친다는 점, 순진무구한 1학년부터 말년병장 같은 6학년까지 다양한 아이들을 매년 다르게 경험할 수 있다는 점, 한 인간의 성장과 삶에 지대한 영향을 미칠 수 있는 점만으로도 정말 두근거리는 삶 아니겠는가.

# BONUS TRACK

**윤예림_** 인천 간재울초등학교 교사. 역사에 대한 관심을 토대로 고학년 사회교과의 역사 만화 및 보드게임을 제작했다. 이를 '인디스쿨'에 공유한 것을 계기로 참쌤스쿨 1기 멤버로 선정되었다. 여러 웹툰에 참여했고 교실환경물품 제작 등 다양한 활동을 하고 있다.

# 남교사로 산다는 것

by 정현준

**정현준** _ 대전 용전초등학교 교사. 반 아이들 얼굴을 연필초상화로 그린 것이 눈에 띄어 참쌤스쿨 1기 멤버로 참여하게 되었다. 사비로 이것저것 구매하다 보니 생긴 별명이 '대전 만수르'. 실력이 출중한 참쌤스쿨 멤버들 속에서 장비빨로 겨우겨우 버티는 중이다.

 **임혜빈_** 경기 송포초등학교 교사. '일기장에 낙서하는 학생'을 지지해주신 '좋은 선생님'들의 영향을 받아 '일기장에 낙서하는 선생님'이 되었다. 첫 발령 때 만난 1학년 학생들의 통통 튀는 말과 행동을 흘려보내기 아쉬워서 SNS에 낙서로 쓴 일기가 (소수 지인의) 좋은 반응을 얻었다. 이를 계기로 현재 참쌤스쿨 1기로 활동하고 있다.